个人合伙时代

组织极简，合伙人比商业模式更重要

宋政隆◎著

中国商业出版社

图书在版编目（CIP）数据

个人合伙时代：组织极简，合伙人比商业模式更重要 / 宋政隆著 . -- 北京：中国商业出版社，2022.1
ISBN 978-7-5208-1848-3

Ⅰ . ①个… Ⅱ . ①宋… Ⅲ . ①合伙企业－企业管理 Ⅳ . ① F276.2

中国版本图书馆 CIP 数据核字（2021）第 212594 号

责任编辑：包晓嫱　佟 彤

中国商业出版社出版发行
010-63180647　www.c-cbook.com
（100053 北京广安门内报国寺 1 号）
新华书店经销
香河县宏润印刷有限公司印刷
*
710 毫米 ×1000 毫米　16 开　13.5 印张　205 千字
2022 年 1 月第 1 版　2022 年 1 月第 1 次印刷
定价：58.00 元
****
（如有印装质量问题可更换）

前 言

合伙人制度，助力企业腾飞

小米集团创始人雷军曾坦言："小米的合伙人制度是集团核心事项的集体决策机制，更是小米文化价值观和互联网方法论的传承机制。"

真格基金创始人徐小平说："合伙人的重要性超过了商业模式和行业选择，比你是否处于风口上更重要。"

这些成功的创业者无不在强调合伙人、合伙人制度的重要性，那么，合伙人制度究竟有多么神奇呢？如下表所示。

企业	实施合伙制度时间	成效
华为	20世纪90年代开始实行全员持股合伙人模式	企业从注册资本2.4万元发展为2020年总收入8914亿元，成为世界500强
韩都衣舍	2008年导入合伙人制度	其后连续10年在互联网服装品牌榜排名第一，业绩突破20亿元
小米	自2010年创办以来就一直坚持合伙人文化	从2012年到2020年，手机销售量分别是719万部、1869万部、6107万部、6655万部、5542万部、9141万部、1.1866亿部、1.246亿部、1.464亿部
旭辉地产	2012年导入合伙人制度	其后连续6年业绩保持增长率70%左右，成为房地产行业的一匹黑马
碧桂园	2014年导入合伙人制度	其后3年即成为中国地产第一名，业绩突破5000亿元

……

这样的例子不胜枚举。合伙人制度缔造了一个个神奇的企业。万科总裁郁亮更是直言:"职业经理人制度已死,事业合伙人制度是必然趋势!"

在合伙人制度下,没有老板,只有创业者,每个人都在为自己的梦想努力工作,去实现自我价值,从工作中获得成就感与拥有感;对企业而言,精兵简政,扁平化的组织构架让管理更轻松、效率更高、成本更低;企业与员工不再是雇用与被雇用的关系,而是利益共享、风险共担的同盟者。因此,顺应时代趋势的合伙人制度,有望成为未来公司的主流模式。

《个人合伙时代——组织极简,合伙人比商业模式更重要》一书共九章,系统介绍了有关合伙人与合伙人制度的相关知识,包括合伙人与合伙人制度的概念、合伙人股权的设置、合伙人团队建设、合伙人制度的动态管理以及合伙失败的常见原因分析等。旨在让中小企业老板、高中层管理人员对合伙人制度有一个全面而清晰的了解,切实解决合伙落地难的问题。

目 录

第一章
得合伙人者得天下
合伙人时代已经来临 / 2

建立合伙人制度，企业才能做大做强 / 5

合伙人制度是企业转型必备利器 / 8

创业公司最需要合伙制 / 11

合伙人制度，解决了企业用人难的困扰 / 15

合伙人制度，成功为企业留住核心人才 / 18

第二章
什么是合伙人
合伙人与个人合伙 / 22

个人合伙与合伙企业的区别 / 25

合伙人出资方式 / 27

合伙人类型 / 31

第三章

解读合伙人制度

什么是合伙人制度 / 36

什么样的人适合参与合伙人创业 / 39

什么样的企业更适合"合伙人制" / 43

合伙人制度和股权激励的差异 / 46

合伙人制度不是包治企业百病的"万能药" / 49

合伙人制度将是未来公司的主流模式 / 52

第四章

寻找和选择合伙人

寻找合伙人的途径 / 58

是否具有创业者的特质 / 61

合伙人一定要有专业的背景 / 64

志同道合很重要 / 67

优势互补,补足短板 / 70

人品和信任不容忽视 / 73

企业如何选择内部合伙人 / 76

选择合伙人必须要避开的"雷区" / 79

第五章

合伙人股权设置

合伙创业如何确立创始人 / 84

初创企业,如何设置股权结构 / 87

是否按照出资比例分配股权 / 90

股权分配的基本原则 / 93

合伙人股权分配协议如何制定 / 97

员工股权比例的设定 / 102

股权与分红权的分离 / 105

合伙人股权激励方案 / 108

股权架构的设计模式 / 111

股权架构的常见隐患 / 114

第六章

合伙人团队建设

高效合伙团队的人员组成 / 120

建立合伙人议事规则 / 123

描绘清晰的团队愿景 / 126

以人为本,打造事业共同体 / 129

形成有凝聚力的团队文化 / 132

提高团队合作意识 / 135

营造有归属感的工作氛围 / 139

懂得给员工自主权 / 142

提升员工自我价值感 / 145

第七章

合伙人制度的动态管理

新合伙人进入注意事项 / 150

合伙人股权退出机制 / 153

股权绑定协议的设置 / 156

激励股权的转让与处理 / 159

特殊情况下对激励股权做出调整 / 162

第八章
合伙失败的常见原因分析

权利与义务未明确 / 168

道不同不相为谋 / 171

经营理念不同 / 173

风险不能共担 / 176

利益分配不均 / 179

同床异梦,利益争斗 / 182

见利忘义,缺乏信任 / 185

推卸责任,互相指责 / 187

第九章
合伙人制度经典案例

永辉超市:全员合伙制,人人都是老板 / 192

华为:解放老板,激活团队 / 196

阿里巴巴:管理与文化的传承 / 198

小米:用合伙人制度激励员工 / 202

万科:合伙人制度有效解决企业部门分歧 / 205

第一章
得合伙人者得天下

合伙人时代已经来临

如果你是老板，你是否有这样的困惑：给员工的工资不低，为什么员工的积极性却不高？为什么现在的员工越来越难管理？遇到问题，为什么员工相互推诿，没有担当？为什么员工流动性那么大？……

导致这些问题的根源在于雇用制度。在雇用制的管理机制下，员工总觉得自己在给老板打工，心里很不舒服。随着互联网时代的到来，社会更加追求平等，每个人都有自主权，特别是"90后"，他们逐渐成为职场的主力军，对企业归属感的要求更强，更爱面子，更重视自我感受，一旦让他们感到不愉快，就会辞职。因此，改变雇用制度迫在眉睫。

众所周知，开一家饭店的成本是非常高的，而且人员流动性很大，要维持饭店的正常运营已经很不容易，更不用说赚钱了。但有人却做得风生水起，其秘诀就是改变了传统的雇用制度。

S在三线城市开了一家饺子馆，生意非常火爆，饺子馆没什么稀奇的，大街小巷随处可见，S的饺子馆为何这么红火呢？除了服务质量好外，合作模式也很特别。

S先把一家饺子馆做好，会有很多老顾客，S会添加他们的微信，日后经常沟通联系，建立良好的信任关系。然后，S在这些老顾客当中选择合伙人，让这些合伙人投资，开办新的饺子馆，为了防止一家独大，他们会限制投资金额，对投资人数也会有所要求。

这些合伙人享有饺子馆的所有权和分红权，没有经营权和决策权，饺子馆会定期给这些合伙人分红，出于透明公开的原则，饺子馆将流水中的一定比例用于给合伙人分红。另外，饺子馆还有专门的经营团队，流水中的一定比例留给经营团队，剩下的才是S的利润。

这样一来，合伙人的投资可以用来扩张店面，经营团队也会十分卖力，因为他们是在给自己打工，不是给别人打工，把饺子馆经营得越好，他们的收入就越高，因此经营团队不需要S去激励，他们自己都会想办法提高营业额。

S的做法颠覆了传统的雇用制度，选择了合伙人制度。其实S的做法并非先例，从2014年开始，阿里、华为、小米等一些实力雄厚的公司都已经开始采用合伙人制度。

小米的CEO雷军将一半以上的时间用在寻找优秀的事业合伙人上，公司管理实行"简单主义"，不需要KPI（关键绩效指标考核），组织扁平化，提高了运营效率！

华为实行合伙人管理模式已经超过了10年，8.6万名核心人才成为公司事业合伙人，从2015年开始发展全球合伙人持有公司的虚拟股份。

海尔将企业向平台化转变，将组织与激励向人单合一转变，将雇用关系向生态圈的合伙创业者转变。

以上这三家公司取得的成绩有目共睹，他们用实践证明合伙人制度是正确选择，优秀的企业都在探索和实现开放人才经济的远景，未来的管理模式必然是向合伙人制度发展的，如果企业依然故步自封，选择雇用制模式，必然会阻碍自身的发展。

从 1990 年到 2014 年，美国劳动局数据就显示，全职劳动者数量明显下降，不想被人束缚，自由自在地为自己工作，是越来越多人的追求，未来不再有公司，只有平台；未来没有老板，只有创业领袖；未来不会再有员工，只有合伙人！

企业要想生存与发展，就必须建立新的经营方式去适应未来的人力资源模式。IBM 是一家百年企业，可苹果公司却非常排斥 IBM 传统的老套运作方式。但是在 2014 年，这两家原本不是十分友好的企业却走到了一起，苹果一直没有很好的企业端客户，而 IBM 有；IBM 没有个性化的开发能力，但苹果有。

于是，苹果和 IBM 取长补短，进行了深度合作。2015 年苹果和 IBM 合作完成了 100 多个 App，他们在一起办公，两家公司的人力资源部协商相互跳槽不算是挖墙脚，两家公司也不用纠结员工的归属问题了。IBM 还建立了认证自由职业者库，由自己面试储备发认证标识，随时灵活调取外部资源，充实人力储备。

此外，通过商业模式的调整，把企业的部门或个人设立成独立的团队，打破企业与员工的劳务雇用模式，将企业从传统的合同雇用模式转型为合伙协作模式，扩大了适用的税收优惠范围，让企业适用更低的税率。这对企业和员工而言，是共赢的好事，何乐而不为呢？

在经济新常态下，企业之间的竞争会越来越激烈，只有摒弃雇用制，拥抱合伙人制度，才能实现变革企业组织，培养经营人才，降本增效，使企业在行业竞争中独占鳌头。

建立合伙人制度,企业才能做大做强

近年来,企业界掀起了合伙人机制的热潮,万科总裁郁亮也曾喊出"职业经理人已死,现在是合伙人时代"的口号。其实,合伙人制度并不是新鲜事物,不少企业已经通过合伙人制度取得了巨大的成功,阿里巴巴、华为、小米都是合伙人制度的典型代表。

阿里巴巴是以马云为首的18人于1999年在杭州创立的公司,阿里合伙人制度始于2009年,但直到2013年阿里即将上市才对外公布。2014年9月19日,阿里巴巴集团在纽约证券交易所正式挂牌上市,创造了史上最大IPO纪录。2019年11月26日,阿里巴巴港股上市,总市值超过4万亿元,登顶港股成为港股"新股王"。2019福布斯全球数字经济100强榜位列第10位;2019年《财富》未来50强榜单公布,阿里巴巴集团排名第11。

华为技术有限公司(以下简称华为)成立于1987年,自1990年开始实行合伙人制度,又称员工持股制度,至今已经31年了。如今华为已经成长为全球领先的信息与通信技术(ICT)解决方案供应商。2013年,华为首超全球第一大电信设备商爱立信,排名《财富》世界500强第315位;在《2017年BrandZ最具价值全球品牌100强》中,华为名列第49位。

2019年《财富》公布世界500强名单，华为排名第61位。2020年《财富》公布世界500强榜（企业名单），华为排在第49位。

阿里巴巴和华为都是在企业成立数年后才开始实行合伙人制度，小米则是在创业之初就选择了合伙人制度。小米科技有限责任公司成立于2010年，由雷军创办，共计8名合伙人。小米合伙人都是创始人自己找来的，或者经过磨合的合伙人推荐过来的合伙人，合伙人之间都经历了一段磨合期。

小米的合伙人都围绕小米的"铁人三项"核心业务"软件、硬件与互联网服务"分布，在小米早期就参与创业，他们不领工资或领低工资，掏真金白银买股票，团队内部56名早期员工就投资了1100多万美元。因此，小米的合伙人团队也被称为"豪华天团"。

小米自创办以来，就保持了令世界惊讶的销售速度。2012年全年售出手机719万部，2013年售出手机1870万部，2014年售出手机6112万部，2015年售出手机超过7000万部，2017年售出手机9240万部，2018年售出手机超过1.2亿部，2019年售出手机1.25亿部。按市场份额，自2018年以来，连续高居手机行业世界第四。

2018年7月9日，小米在香港交易所主板挂牌上市，入选2019福布斯中国最具创新力企业榜。2019福布斯全球数字经济100强榜发布，小米位列第56位。2021年3月30日，小米集团在港交所发布公告，正式宣布进入造车领域。5月26日，第一季度小米集团总收入为769亿元，同比增长54.7%。经调整净利润61亿元，同比增长163.8%。

以上三家公司推行的都是合伙人制度，因合伙人制度而成功的企业远不止这三家，还有我们熟知的万科集团、高盛集团、韩都衣舍、咨询公司麦肯锡等，都选择合伙制模式，他们所取得的成绩有目共睹。

韩都衣舍，2008年导入合伙人制度，连续10年在互联网服装品牌排名第一，业绩突破20亿元。

旭辉地产，2012年导入合伙人制度，连续6年业绩保持70%增长，成为地产行业超级黑马。

碧桂园，2014年导入合伙人制度，3年后成为中国地产第一名，业绩突破5000亿元。

不仅华为、阿里、碧桂园、旭辉地产、海尔、韩都衣舍等企业纷纷导入以"利益共享"为核心的合伙人制度，越来越多中小型企业也纷纷导入合伙人管理模式，培养核心人才，与公司形成利益、事业、命运共同体！

真格基金创始人徐小平曾说过，"合伙人的重要性超过了商业模式和行业选择，比你是否处于风口上更重要"。如今不是你要不要用合伙人管理模式，而是时代已经选择了合伙人管理模式，企业要想做大做强，合伙人制度是必然选择。

合伙人制度是企业转型必备利器

从 2014 年 3 月起,万科迅猛推出合伙人计划,包括项目层面的跟投计划和股权层面的持股计划。然而,万科并非唯一践行合伙人制度的房企,碧桂园也在尝试合伙人制度,从 2014 年 10 月开始,碧桂园所有新获取的项目均采取跟投机制,即项目经内部审批定案后,集团占比 85% 以上,员工可跟投不高于 15% 的股权比例,共同组成项目合资公司,又称为"同心共享"计划。其他推行合伙人制度的公司还包括绿地集团、阳光城等。

那么,这些房地产行业为何会掀起合伙人风暴呢?这是因为中国房地产市场已经进入存量房时代,在住宅市场,存量房和新房交易量之比大于1,表明住房市场开始步入存量房时代,即进入以存量房交易为主的阶段,中长期来看房地产行业拐点已然明确,基本面下行趋势难改,诸多房企面临着高库存的压力。

在此背景下,房地产公司的业务转型迫在眉睫,新的制度设置也提上日程,诸多房企已经意识到与新时代、新业务匹配的制度,应是合伙人制度。配合企业的战略转型,万科在 2014 年 3 月的股东大会上,宣布了两项重要决定。

一是大幅提高分红派息力度，2013年每10股派送人民币4.1元现金股息，相比2012年的1.8元上升一倍还多，分红占比由15.79%提高至29.87%。

二是推出"事业合伙人制度"，对于今后所有新项目，原则上要求项目所在一线公司管理层和该项目管理人员，必须跟随公司一起投资不超过项目峰值5%的资金。

万科为何引入"事业合伙人制度"？为何大比例分红？归根结底是战略转型的需要，这意味着万科需要建立新的战略执行体系、组织管控体系、运营保障体系，以及新的观念和行为方式，并建立新的、相应的精准激励体系，以匹配新的转型战略、转型组织能力需要的管理行为要求。

万科"一二三转型战略"的提出，对企业的战略目标、商业模式、盈利模式、市场定价主张的调整提出了更高的要求。很显然，商业模式和盈利模式的调整，对股东的投资收益影响最大，股东很可能会质疑和阻挠新战略的实施，分红机制的调整很好地化解了与股东的矛盾。

在新的战略体系建立的过程中，未来充满了不确定性，包括股票市场的不确定，这会导致原有的股票激励机制对高层管理团队的激励力度打折扣，而"集体合伙人"制度正好弥补了原有激励体系的短板，有效地激励了高层管理团队。

同样，原有的业务管理体系、组织流程体系、员工考核和能力体系等管理支撑体系在战略调整阶段也面临着一个调整适应的过程。此时，万科面临巨大的压力，一方面，新的业务模式、流程制度的建立，以及新的员工能力的提升,都需要一线管理者付出更多努力,更加辛苦;另一方面,新的管理指标的细化、激励机制的建立,又必须依靠一线管理者通过努力来实现。万科引入"事业合伙人"机制,能有效防止一线管理团队的消极怠工,提高了他们的工作积极性。

不仅万科将合伙人制度作为企业转型的必备武器,永辉超市亦如此。超市业面临的一个问题是:一线员工干着最脏、最累的活,却拿着最低微的薪水,因为整个行业的员工流动性非常高,这对企业的发展是非常不利的。

因为一线员工收入低,基本上没什么干劲,大多是混日子,例如码放果蔬时会随意乱丢,这会给超市造成很大的损失。如何才能调动一线员工的积极性,减少超市的损失呢?

单纯增加员工薪资,会增加企业成本负担,影响超市盈利,而且对员工的激励效果往往是短暂的。永辉超市在全国有6万多名员工,假如每人每月增加100元工资,一年永辉就要多付出7000多万元,这相当于10%的净利润,而且这100元对员工来说根本起不到调动积极性的作用。

因此,既为了增加员工的薪酬,也为了节约成本及提升营运收入,永辉超市开始了运营机制的革命,即对一线员工实行合伙人制,该制度在2013年的福建大区开始试点,2014年开始推广全国,2015年就取得了显著成效。

在全国经济产能过剩的背景下,在大量中小企业大概率被挤出市场竞争的背景下,或许合伙人作为一种重要的改造方式及运营战略,为在传统行业中挣扎的企业家们,赢得了一次突围的机会。

创业公司最需要合伙制

一代枭雄孙权曾经说过，"能用众力，则无敌于天下矣；能用众智，则无畏于圣人矣"。当今社会，已经不再是一个靠单打独斗可以成功的年代。要想成就一番大事业，就必须拥有一个强有力的团队，一群拥有相同价值观的核心骨干，团结一致，众志成城。

谷歌的联合创始人拉里·佩奇和谢尔盖·布林，在创立公司时，两人都很年轻，只有 25 岁，后来他们聘请了经验丰富的埃里克·施密特，担任谷歌 CEO 一职，施密特领导谷歌发布了 Google Docs、Google Sheets 和 Google Slides 等一系列基于万维网技术的在线 Web 应用。可以说，没有施密特就没有现在的 Alphabet。

世界 500 强企业阿里巴巴，在 1999 年刚刚成立的时候，马云召集了 17 人作为合伙人，和他一起组成了"阿里十八罗汉"，18 个人共同筹集了 50 万元。如果没有这些人与马云一起肩并肩，风雨同舟，就不会有今天的阿里帝国。

Facebook 的创始人马克·扎克伯格在评价自己的合伙人谢莉·桑德伯格时说道："没有了谢莉·桑德伯格的 Facebook 是不完整的。"扎克伯格负责产品开发，桑德伯格则更多地参与销售、营销相关的工作，他们彼此互补各自的技能，并为建立一个成功的企业而通力合作。

这样的例子不胜枚举，这些成功的企业都在告诉我们一个道理：创业公司最需要合伙制，因为我们需要建立一个团队来弥补自身的不足，一个创始人只有有这样的认知，才有可能将企业做成功，小米创始人雷军曾经说过，"找人是创始人最重要的工作。"

在小米成立的第一年，雷军把大部分时间都用在了找人上，公司最早的几个创始人都来自互联网行业公司急缺的硬件工程师，而他既不懂硬件，又没有硬件方面的人脉，要找到一个合伙人谈何容易！有一次雷军为了找到一个工程师，打了90多个电话；为了说服一个硬件工程师加盟小米，与对方连续谈了10小时，在雷军及团队的"软磨硬泡"之下，对方终于熬不住了，答应加盟。雷军就如当代的刘备，为了寻找合伙人，可以"三顾茅庐"，可见合伙人的珍贵。

时代数据创业公司数据库统计数字显示，截至2020年12月27日，2020年一共有932家创业公司关闭，仅上半年就有881家创业公司倒下，占全年的94.53%。创业是一个高危选择，在成功的创业公司背后"尸横遍野"，即使是成功的企业，也往往经历了九死一生，如此残酷的现实，仅凭一个人的力量，岂不是蚍蜉撼大树？成功的可能性几乎为零。

2013年，聚美优品的"301"事件，是电商史上最大的灾难。3月1日凌晨时分，聚美优品三周年庆典拉开序幕，原本以为这是一场华丽的盛宴，没想到网站却出现了数次崩盘，而且每次崩盘都长达数小时，无奈之下，技术人员开始往外踢用户。

但踢掉用户不能完全解决问题，因为很多人提前买好了折扣券就等着在这一天花掉，不得已聚美把一天的促销计划延长了两天，接下来又是持续的崩盘，直到第三天才消停。

然而，还有比服务器崩掉更坏的事情就是严重的爆仓，堆积成山的货品发不出去，客服电话被打爆，几十万用户十几天都收不到货，也联系不到聚美。陈欧和其他高管一再在网上发表声明、道歉，但丝毫无法安抚愤怒的用户，他们把矛头对准陈欧，在网上肆意地谩骂。

真格基金的创始人徐小平，也是聚美优品最早的投资人，曾提到在聚美优品的"301"事件发生时，很多合伙人与陈欧通宵不眠，寻找应对危机的办法，如果不是合伙人制度，如果不是股东利益的捆绑，他们就很难走过这段路。

美国教育考试服务中心（简称ETS）是世界最大的非营利性教育研究和考试机构，主持开发了作为美国大学和研究生院入学考试包括英语作为外语考试（简称TOEFL）的试题。2001年1月，ETS向北京市第一中级人民法院提起诉讼，状告新东方学校侵害其著作权和商标权。

事件发生后，俞敏洪、徐小平、王强等合伙人聚在一起，商量对策，此时有好几个与新东方谈合作的公司都表示要等新东方这波灾难过去了，才能合作，新东方陷入危机之中。

其实任何一个企业在发展过程中，都会经历灭顶之灾的时刻，如何面对危机，解决问题，如果没有和我们站在一起，互相支持、交流沟通、共同想办法解决问题的合伙人，一个人很难收拾烂摊子。众人拾柴火焰高，说的就是这个道理。

当然，现实中也有一些创业者找不到合伙人，其实这本身就说明创业者不够优秀，没有足够魅力。1999年，蔡崇信在一家瑞典投资公司——InvestorAB担任亚洲区高管，主要负责该公司亚洲私募股本业务。

在朋友的引荐下，蔡崇信认识了马云，那时马云连公司都还没有成立，只有一个上线几个月的网站，收入几乎为零。据蔡崇信回忆：与马云见面的时候，我被他的人格魅力深深吸引了。他非常平易近人，还极有魅力，一直都在谈论伟大的愿景。我们没有谈商业模式、盈利或者其他业务上的东西。当时我觉得马云想要做电商平台的创意称得上伟大，却不是什么惊天动地的想法，但我欣赏马云的个性。

见面后，蔡崇信还见到了马云的创业团队，他看到一群年轻人像着了魔一样地努力工作着，一起吃大锅饭，一起睡地铺，相互鼓劲。他认为马云有能力将一群人聚集在一起，是个有影响力的领导者，肯定能干成一番事业。于是，蔡崇信放弃了70万美元的年薪，只拿每个月500元人民币的工资，成了"阿里十八罗汉"之一。

由此可见，推举出带路人，寻找一群志同道合的人，利益共享，风险共担，是创业公司成功必经之路。

合伙人制度，解决了企业用人难的困扰

每年年初，企业招工都是一大难题，特别是以制造业为主的城市。近年来，各家企业老板举着广告、排成排，翘首以盼，等人来应聘，甚至在一些地方，如广东中山，招工的比找工作的还要多，现在老板们都求着工人去上班。

2021年4月，人力资源和社会保障部发布了2021年第一季度全国招聘大于求职"最缺工"的100个职业排行。排行显示，制造业岗位当前存在较大的用工缺口，在新进排行的29个职业中，有20个与制造业直接相关，占比近七成。这也反映出制造业企业"招工难"现象更加凸显。

如今越来越多的企业已经意识到人才是企业生产经营的重要资源，是企业长期发展的战略资源与关键动力之一，在一定意义上说是成长型企业首要的、最根本的资源。然而，在企业转型和快速发展的过程中，遇到的最大难题就是用人难，导致企业用人难的原因是多方面的。

从社会层面来说，随着中国人口出生率不断下降，老龄化的到来，人口红利正在迅速终结，以后企业用人会越来越困难，用工成本也会越来越高。

从国家层面来说，在经济结构需要进一步调整的新常态下，企业"用人难"的问题会呈现常态化，已经成为企业生产经营过程中亟须解决的普遍性难题，需要企业正确地看待"用人难"的问题。

从企业层面来说，企业一般希望用一个普通的薪酬成本招聘一个相对优秀或者有潜力的人才，但求职者更希望找一个能力要求水平稍微高于自身能力水平的工作，既可以获得高一些的收入，又能为自己的能力提升提供保障，企业的招聘意图与求职者的意愿不匹配也是导致用人难的重要原因之一。

此外，长期雇用关系正在逐渐淡化。有机构曾做过一份调查，数据显示"95后"在同一家公司的平均在职时间仅为7个月，现在的"90后"，与"70后""80后"不同，他们的个性更强，感觉不爽就会离职，不会委屈自己。

之前，不出去工作就没有钱赚，无法生活，但现在大不一样了，在家里做微商代购、搞直播、做自媒体都能让生活无忧。总之，赚钱的方式是灵活且多样化的。企业与个人之间的长期雇用关系逐渐淡化，如果企业依然用传统的管理方式管理员工，管理难度就会越来越大，用人越来越难。

如何破解企业用人难的问题？很多企业在谈及人力资本时，都会谈到如何更好地激励员工，提高员工的人均效益，殊不知，"员工"二字就反映出企业仍然是主体，员工从属于企业，并没有实现人与组织、资本的真正对待关系。

企业需要转变思维，将企业变成事业平台，给员工提供更好的机会与资源，身份转换、完全放权、独立运营、内部市场化、利益共享、风险共担，让员工成为合伙人，让他们借助企业的平台创业，实现人生价值与创富梦想，而更多人的创业共同铸就一个生态型的平台企业。

"没有人会用心擦拭一辆租来的车"，"如果你找了一份工作，天天让你加班你肯定不会愿意，但如果是创业就是两回事了，创业是一种生活方式，你在为自己而活"，这就是雇用制度与合伙人制度的本质区别，合伙人机制最大的特点是创造拥有感，这种拥有感主要是参与企业经营的权力，在企业内部为人才创造创业的条件，变为别人打工为"为自己打工"。

随着电商的迅猛发展，实体零售商销售额从2014年开始便出现大幅下滑，尤其是百货和鞋类商品，在2001年到2017年下跌了35%，超市举步维艰，用人难更是难解的问题，特别是一线员工流动率非常高，因为他们干的是最脏最累的活，拿的却是最低的工资，一般超市一线员工的收入只有2000多元每月，刚刚解决温饱问题。试问这样的待遇，如何让一线员工热情饱满地投入到工作中去呢？

然而，一线员工的表现又与超市的营收直接相关，如一线员工心情郁闷，他们对待顾客就不会有好心情，影响顾客上门购物。此外，超市的果蔬部门损耗率高达30%，员工在工作时，稍微对"娇嫩"的果蔬"暴力"一些，就会使损失大增。

如何才能改变现状？增加一线员工工资，超市吃不消；推行绩效考核，对一线员工没有多大吸引力。唯有推行合伙人制度，改变收益的方式，员工和企业协定进行利润或者毛利分成，才能让员工感受到是为自己工作，因为企业的利润或者毛收入降低了，一线员工的收入直接受影响。

未来，企业用人难的现状会越加明显，合伙人制度或许能让企业摆脱困境。

合伙人制度,成功为企业留住核心人才

有不少企业老板这样抱怨过:辛辛苦苦把人培养出来了,成了公司的骨干,可干不了两年,翅膀硬了就飞走了。

A经营一家广告工程类的公司,规模不大,现在公司里只有一个优秀的业务员,其他成型的业务员都先后离职,自己开公司去了,留下的这名业务员能力很强,且非常全面,懂工程和设计,还擅长销售。

现在A考虑给这位业务员配5个销售助理,让他来带领营销部门,但同时A又很担忧,公司的业绩主要靠销售部门,把这个业务员的管理能力培养出来了,万一这个业务员有一天带着这5个销售助理跑了,整个公司都得瘫痪了。A不知道该怎么办,该如何防范风险。

如果公司的大部分核心业务掌握在A手中,就不必太担心,哪个公司都有人员流动,有更好的机会,谁都会心动,此时A考虑的不仅仅是防范风险的问题,更重要的是如何想办法留住这名优秀的业务员。

不少企业徘徊不前,无法做大做强,都与关键人才流失是密不可分的。关键人才流失,可能会带走客户、带走骨干、带走技术、带走士气等,有可能导致企业因关键业务、生产、研发人才的流失,造成利益受损，元气大伤，甚至连生存都面临威胁。

每个企业都有关键人才，企业不可能靠老板一个人就能发展起来，如何留住这些关键人才，是一个必须要解决的问题，合伙人制度是一个不错的选择。在吸收人才和留住人才方面，我们不妨学学小米。

小米在创办的前两年，团队从14个人发展到400人，整个团队平均年龄只有33岁，而且几乎所有的员工都曾是微软、摩托罗拉、比亚迪、Google、百度、联想、阿里巴巴等公司的精英，工作经验在5年以上。

MIUI负责人洪峰原来是Google高级工程师；小米工程副总裁黄江吉，原本是微软工程院首席工程师；担任MIUI手机操作系统项目和小米手机营销的黎万强，原来是金山软件人机交互设计总监；负责小米硬件团队及BSP的周光平，原来是摩托罗拉北京研发中心总工程师。

这些人都是雷军磨破嘴皮子将他们请过来的。将人才请过来，只是第一步，如何留住这些人才才是关键。雷军在公开信中说道："我们是一家少见的拥有'粉丝文化'的高科技公司。被称为'米粉'的热情用户遍及全球、数量巨大。"

"粉丝文化"是小米留住人才的举措之一，打造利益的共同体更是不可获取的一部分。雷军邀请人才加入的时候会开出三个选择条件：一是选择和跨国公司一样的报酬；二是选择2/3的报酬，然后拿一部分期权；三是选择1/3的报酬，然后拿更多的期权。

只有少部分人选择了第一种和第三种工资形式，大部分人选择了第二种，这表明这些人愿意与公司共同成长，战斗力自然会很足。另外，小米初期的员工都投了钱，大家破釜沉舟地跟着雷军一起创业，谁都不希望钱打水漂，所以，大家成了利益共同体（合伙人制度），只有勇往直前，才能赢得胜利。

和小米公司一样，韩都衣舍也是通过合伙人模式留住人才的典型代表。目前韩都衣舍是中国最大的互联网时尚品牌运营集团，它成功的电商运营经验便是"小组制模式"（合伙人模式）。

在韩都衣舍，所有的公共服务部门（如摄影部、生产部、技术部、人力资源部、客服部等）都围绕产品小组来提供服务。全公司约有300个产品小组，每个产品小组由1~3人组成，设计师负责设计和选款，页面制作人员负责将选款进行页面制作和推广；货品管理人员负责与工厂沟通，生产和管理货品。

公司以小组为单位确定销售任务目标，小组成员只对本小组销售额负责，至于选什么款、什么颜色，营销计划怎么定等，都是产品小组自己决定，公司不会过问。小组成员的业绩提成是按照销售额×毛利率×提成系数计算的，公司直接发给小组，至于内部如何分配，由小组长来决定。

最重要的是公司将财权完全放开，每个小组的资金额度自由支配，但资金额度与小组的销量直接挂钩，销售越多额度越大，这样一来，产品小组就会有危机感，如果销量不好，直接影响资金额度，没有钱如何去下订单呢？有可能导致小组破产，这样一来，每个产品小组都会以小老板的心态去做事。

实际上，韩都衣舍的小组制体现的是一种合伙人分配法，对员工起到了很大的激励作用。

第二章
什么是合伙人

合伙人与个人合伙

在上一章,我们讲述了当下合伙人时代,很多著名的公司都因为采用合伙人制度,在短时间内取得了巨大的成功。那么,什么是合伙人呢?我们经常提及的个人合伙人又是什么呢?

(一)合伙人

合伙一般是指两个以上的自然人、法人或其他组织以及相互之间为了共同的经济目的明确各自的权利义务,而共同出资、共同经营、共担风险的行为,参与合伙的各自然人、法人或其他组织就是合伙人,个人合伙与合伙型联营、合伙企业是合伙的三种形式。

为了更好地理解什么是合伙人,我们以碧桂园推行的合伙人制度为例。合伙人制度是碧桂园创始人杨国强一手主推,旨在让每一个员工投入更大的工作积极性,以合伙人方式与项目更紧密联结,从而获得更大的回报。

碧桂园是以楼盘项目作为合伙主体,2012年,碧桂园第一阶段实施的是"成就共享"合伙人,只包括区域、城市高管和项目操盘团队。

2014年,碧桂园第二阶段对"成就共享"合伙人进行升级,引入同心共享机制,该机制一方面有利于项目更积极控制运营成本,提升集团利润率和投资回报率;另一方面,让员工与碧桂园一起按持股比例共同投资、共同管理、共享利益、共担风险,让员工与公司共同成长发展。

碧桂园 2017 年上半年业绩报告显示,已申报同心共享项目 733 个,累计合同销售额约人民币 4727 亿元。自 2014 年同心共享机制实施以来,2015 年有两位区域总经理年收入超 1 亿元,到 2016 年有 6 人获上亿元年终分红,企业自有资金年化收益率近 70%,员工信心被极大地鼓舞。

(二)个人合伙

个人合伙是指两个以上公民按照协议,各自提供资金、实物、技术等,合伙经营、共同劳动的自然人联合经营体。个人合伙必须具备四个要件。

一是个人合伙必须具备两个以上合伙人,且合伙人仅限于自然人而不能是法人或者其他组织,这与合伙人有着本质的区别,合伙人可以是组织或者法人,但个人合伙人则不能。

二是个人合伙必须要有合伙协议,可以是书面合伙协议,也可以是两个以上没有利害关系人证明的口头合伙协议。

三是个人合伙的合伙人必须合伙出资,出资的形式多种多样,不一定是资金,也可以是实物、技术等。

四是个人合伙的合伙人应当合伙经营、共同劳动。

我们只有对个人合伙有一个清晰的认识,才能避免不必要的法律纠纷。下面这两则案例中的主人公都是因为缺乏对个人合伙的认识,导致了不必要的麻烦。

案例一:孙某承包经营了某砖瓦厂,李某向孙某汇款 15 万元,李某未参与经营与劳动，孙某向李某出具投资证明：李某投资15万元。后来，该砖瓦厂拆迁，孙某领取了270万元补偿款，未与李某结账还款，李某便将孙某诉诸法院，要求孙某返还投资款15万元以及收益30万元。

法院经审理认为，李某主张该款项是基于双方间的合伙经营而交付，但李某没有提交合伙协议或存在合伙约定，也没有证据证明双方之间是共同经营、管理砖瓦厂并进行合伙分成和共担债务的事实，故认定李某向孙某支付的款项为借款。

很显然，李某未被认定为个人合伙人，一方面是因为缺乏书面合伙协议或者口头协议，另一方面是因为李某未参与砖瓦厂的经营。

案例二：张某在其父亲出资支持下，开设了米粉店，米粉店由孔某与张某共同管理，后双方发生矛盾，孔某主张与张某是合伙人关系，但张某主张孔某仅是米粉店员工。

法院经审理认为，孔某未能提供书面合伙协议，也未能提供证据证实双方之间存在口头协议，因此孔某的主张未能得到法院的支持。

丑话说在前头，签订书面合伙协议，可以使双方的利益都能得到保障，避免以后扯皮，通常个人合伙多是亲戚朋友，最终买卖不成，亲戚朋友也做不成了，损失太大。

提醒大家一点，书面合伙协议是认定个人合伙的首要条件，没有书面合伙协议，有无利害关系人证明的口头合伙协议亦可，如果以上两种都没有，还可以是合伙盈余分配约定，如提供资金、实物或技术性劳务，并约定参与盈余分配，是认定合伙的主要条件，是否参加合伙经营、劳动是个人合伙的次要条件，并非个人合伙的必备条件。

个人合伙与合伙企业的区别

提及合伙，不少人会被个人合伙与合伙企业搞得晕头转向。合伙企业是指由各合伙人订立合伙协议，共同出资，共同经营，共享收益，共担风险，并对企业债务承担无限连带责任的营利性组织。也是指自然人、法人和其他组织依照《中华人民共和国合伙企业法》在中国境内设立的，由两个或两个以上的自然人通过订立合伙协议，共同出资经营、共负盈亏、共担风险的企业组织形式。

个人合伙、合伙企业以及法人合伙，都是合伙的形式，其中，只有合伙企业具有企业资格，个人合伙与合伙企业有很大的区别，主要表现在以下方面。

（一）个人合伙可以订立书面的合伙协议，也可以订立口头的合伙协议，但合伙企业必须订立书面的合伙协议。合伙协议没有约定或者约定不明确的情况下，利润分配、亏损分担、清算财产分配的规定不一样。

（二）起字号的自然人组成的个人合伙与自然人组成的合伙企业实质内容区别不大，但工商登记不同，个人合伙领取的个体工商户的营业执照，每月要缴纳工商管理费，实行定期定额方式纳税和查账征收方式；合伙企业领取的是合伙企业营业执照，每月向税务局报税，不需缴纳工商管理费。两者都缴纳个人所得税。

（三）合伙企业可以设立分支机构，分支机构可以使用该合伙企业的字号，个体工商户不可以设立分支机构。

（四）个人合伙由全体合伙人承担连带责任，按照合伙人对合伙企业的责任，合伙企业可分为普通合伙和有限合伙。普通合伙的合伙人均为普通合伙人，对合伙企业的债务承担无限连带责任。有限责任合伙企业由一个或几个普通合伙人和一个或几个责任有限的合伙人组成，即合伙人中至少有一个人要对企业的经营活动负无限责任，而其他合伙人只能以其出资额为限对债务承担偿债责任，因而这类合伙人一般不直接参与企业经营管理活动。

合伙企业分为普通合伙企业与有限合伙企业，有限合伙企业由普通合伙人和有限合伙人组成，普通合伙人对合伙企业债务承担无限连带责任，有限合伙人以其认缴的出资额为限对合伙企业债务承担责任。

（五）个人合伙以非货币资产出资的，没有规定是否需要办理财产权转移手续，但合伙企业法则规定："以非货币资产出资的，依照法律、行政法规的规定，需要办理财产权转移手续的，应当依法办理。"

（六）个人合伙不适用合伙企业法，不能依法进行破产，但合伙企业可以依据《企业破产法》进入破产程序。

《〈中华人民共和国民事诉讼法〉的解释》第六十条："在诉讼中，未依法登记领取营业执照的个人合伙的全体合伙人为共同诉讼人。个人合伙有依法核准登记的字号，应在法律文书中注明登记的字号。全体合伙人可以推选代表人；被推选的代表人，应由全体合伙人出具推选书。"根据新法优于旧法的原则，应当以全体合伙人为共同诉讼人；根据《中华人民共和国民事诉讼法》的相关规定，合伙企业可以作为民事诉讼的当事人。

（七）个人合伙的合伙人没有先诉抗辩权；合伙企业承担的是补充性连带、有先诉抗辩权。意思是说因诉讼主体资格的不同，在对外清偿债务时，只能先要求以合伙企业的财产进行清偿，当然若是起诉可以把合伙企业和全体合伙人都作为被告，参照《最高人民法院关于适用〈中华人民共和国担保法〉若干问题的解释》的相关规定："一般保证的债权人向债务人和保证人一并提起诉讼的，人民法院可以将债务人和保证人列为共同被告参加诉讼。但是，应当在判决书中明确在对债务人财产依法强制执行后仍不能履行债务时，由保证人承担保证责任。"

此外，从长远角度来说，企业要想做大做强，不适合选择个人合伙模式，因为个人合伙对外的名义是个体工商户，不如合伙企业、公司的组织形式更能让客户产生信任感，并且在财务管理、合伙人之间的协调方面更困难一些。

合伙人出资方式

合伙是比较多见的一种企业成立方式。合伙创办企业，可共同承担风险，分享成功果实。那么，合伙人出资的形式包括哪些呢？合伙人可以用货币、实物、知识产权、土地使用权或者其他财产权利出资,也可以用劳务出资(有限合伙人除外)。

(一)货币出资

设立公司必然需要一定数量的流动资金,以支付创建公司时的开支和启动公司运营。因此,股东可以用货币出资。货币出资最为常见,比如,甲、乙两人各出资 50 万元人民币,创办食品加工厂,这就是货币出资方式。

(二)实物出资

实物出资用于现物出资的标的物必须能以某种公平的方法评估折价,换算为现金。实物出资一般是以机器设备、原料、零部件、货物、建筑物和厂房等作为出资。合伙人进行实物出资时,应注意以下问题。

1. 评估作价

根据《中华人民共和国公司法》(以下简称《公司法》)的相关规定,对作为出资的实物应当评估作价,核实财产。这就要求合伙人以实物出资时,应当先对实物进行评估作价,既要核实实物的产权,也要对其价值进行真实评估。

2. 转移产权

根据《公司法》的相关规定,以实物出资的,应依法办理其财产权的转移手续。即合伙人应当在约定的出资日期将实物的产权转移给公司。比如,合伙人是以房屋出资的,除了要查看房产证、土地证,还要到当地的房管局、国土局查询其原件及电子档案。

3. 相关税务问题

以实物出资会涉及的税务问题,包括增值税、土地增值税、企业所得税、印花税、契税。

（1）增值税

以公司机器设备、办公设施实物出资的，依据《国家税务总局关于简并增值税征收率政策的通知》（财税〔2014〕57号）规定："纳税人销售旧货按照简易办法依照4%征收率减半按2%征收增值税。"

（2）土地增值税

根据《关于土地增值税一些具体问题规定的通知》（财税字〔1995〕第48号）第二条规定：对于以房地产进行投资、联营的，投资、联营一方以土地（房地产）作价入股进行投资或作为联营条件，将房地产转让到所投资、联营的企业中时，暂免征收土地增值税。对投资、联营企业将上述房地产再转让的，应征收土地增值税。

（3）企业所得税

根据《中华人民共和国企业所得税法实施条例》（国务院令第512号）的相关规定："通过投资方式取得的固定资产，以该资产的公允价值和支付的相关税费为计税基础。通过支付现金方式取得的存货，以购买价款和支付的相关税费为成本；通过支付现金以外的方式取得的存货，以该存货的公允价值和支付的相关税费为成本；生产性生物资产收获的农产品，以产出或者采收过程中发生的材料费、人工费和分摊的间接费用等必要支出为成本。"

（4）印花税

根据《中华人民共和国印花税暂行条例》的相关规定："纳税人根据应纳税凭证的性质，分别按比例税率或者按件定额计算应纳税额。"

（5）契税

根据《中华人民共和国契税暂行条例细则》的相关规定，以土地、房屋权属作价投资、入股的，适用契税税率为3%~5%。

（三）知识产权

知识产权出资是指知识产权所有人将能够依法转让的知识产权专有权或者使用权作价，投入标的公司以获得股东资格的一种出资方式。

腾达是一家医疗器械公司，该公司引进了一名留学英国的博士，希望在心脑血管专业医疗器械的研发方面有所突破。这名博士从事相关研究近10年，而且拥有三项该技术的发明专利。腾达公司与博士经过多次沟通，商定该博士以知识产权出资的方式，加入腾达公司，持有公司20%的股权。

以上案例就是以知识产权出资的典型代表。

（四）土地使用权出资

土地使用权出资是指将土地的使用权从出资者向公司转让。土地使用权出资需要注意两点。

第一，根据我国现行法律的规定，用于出资的土地使用权只能是国有土地的使用权，集体土地使用权则不可用于出资。

第二，土地出资是使用权的出资，不是所有权的出资，在我国只有国家和集体组织才拥有土地所有权，任何企业对土地拥有的只是使用权。

（五）劳务出资

劳务出资是指股东以精神上或身体上的劳务作为出资取得股东身份。下面这个例子中的C就属于劳务出资的情况。

A、B、C三方共同投资成立食品加工厂，A以现金的方式出资50万元，占投资总额的 50%，B 以现金的方式出资 30 万元，占投资总额的 30%，C 以食品加工厂投产后的前两年的劳务付出作价作为出资，出资额为 20 万元，占投资总额的 20%。

合伙人类型

根据不同的标准，合伙人的类型主要分为三种：股东合伙人、事业合伙人、生态链合伙人。其中，股东合伙人和事业合伙人属于企业内部合伙人，生态链合伙人属于企业外部合伙人。

（一）事业合伙人

顾名思义，事业合伙人就是以共同的事业为基础，利润共享和风险共担的人。我们这里要讲的是企业管理意义上的事业合伙人，而非法律意义上的合伙人"企业中的合伙人"。典型企业有华为、阿里巴巴、万科、碧桂园等。

事业合伙人的一个明显特点是"共担"，不管企业发展如何，事业合伙人都风雨同舟，有福同享有难同当，所以，企业在实行事业合伙人制度时，都会对"共担"有明确的规定。

在万科集团有这样的规定：事业合伙人和股东要共同持有万科股票，共进退，利润共享，风险共担，公司的合伙人机制对高管的出资额有明确的要求，在进行项目跟投时，要求该项目的管理人员必须跟投，员工则不会强制要求，自愿参与。

在阿里巴巴集团，阿里的候选人在任命之前，必须拥有公司一定份额的股份，并且在成为合伙人之后的三年内，至少保留成为合伙人时所持股权的60%，三年期满，如果合伙人身份没有发生变动，至少保留成为合伙人时所持股权的40%。

华为的员工收入由工资、奖金、股票三部分组成，在华为担任的职级越高，股票收入所占的比重就越大，使其与公司的利益捆绑在一起。

另外，碧桂园在2012年和2014年先后推出的"成就共享"计划和"同心共享"计划，其目的也是让员工与企业的发展紧密地联系在一起。

（二）股东合伙人

股东合伙人是指在工商局登记注册的股东，是企业的最终拥有者，该类型是合伙的最高形式。

从"股东合伙人"的字面意思上，我们就可以得知合伙人是因股权而结合在一起的，股份有创业式股权与渐进式股权两种形式。

1. 创业式股权

"创业式股权"的概念，是由美国著名的投资家彼得·蒂尔首先提出的。企业在创办之初形成的股权，称为创业式股权。比如甲、乙、丙三人合伙投资一家砖厂，三个股东所占股权分别为67%、20%、13%。

一些大家熟悉的创业企业，如西少爷肉夹馍的合伙人有三个，真功夫是两个人合伙，海底捞最早的股权构架是四个人合伙。

2.渐进式股权

初创企业度过生存期后,企业发展壮大了,除了自身做好经营活动外,还有可能通过收购、兼并等方式,做大做强企业,股权融资就在此时诞生了。

A 为钢铁集团,B 为民营钢铁企业,两家企业要进行"渐进式股权融合"重组,A 集团以管理和技术服务出资到 B 企业,建立股权投资关系,使 B 企业成为 A 集团的一员,与 A 集团统一名号,新公司今后的发展、技术改造都纳入 A 集团的总体规划之中。

(三)生态链合伙人

生态链合伙人主要是指企业的外部合伙人,供应商、经销商、投资人、离职员工等都可以作为生态链合伙人。

2016 年,毛大庆从万科离职,创办优客工厂,但他并没有与万科"一刀两断",而是成为万科史上第一个外部合伙人。他说道:"虽然我不再服务于万科,在内部担任管理职务,但我与万科的情谊将永远不会割舍。接下来,我将继续以万科外部合伙人的身份,为营建万科新的生态系统贡献自己的一份力量。"

生态链合伙人,犹如企业的智囊团和金矿,他们对企业的发展起着不可估量的作用。海尔 CEO 张瑞敏曾说过:"世界是我的研发部","人才不为我有,但为我用",由此可见,外部合伙人的价值之大。

老板电器、OPPO 公司采用的就是生态链合伙人模式。老板电器的合伙方式是持股模式,该制度早在 2008 年就已经开始实行。老板电器将代理商纳入合伙人之列,加大对代理商的激励力度,三、四级市场的拓展力度得到提升,使公司在同行竞争中占得先机。

OPPO公司则将经销商作为生态链合伙人,通过提货和销售两个方面加大对经销商的奖励力度,采用阶梯式的提货价格优惠和销售返利的优惠,激发经销商的积极性。

第三章
解读合伙人制度

什么是合伙人制度

合伙人制度是指由两个或两个以上合伙人拥有公司,并分享公司利润,合伙人即为公司主人,或股东的组织形式。

作为企业的合伙人,既享有权利,又必须承担义务,合伙人需要承担的义务包括遵守合伙协议,根据企业发展需要,增加对企业投入,承担企业经营的盈亏等。合伙人应享有的权利包括经营合伙企业,参与执行合伙事务,享受企业的利润分配等。另外,根据我国合伙企业法的规定,合伙人应对合伙企业债务承担无限连带责任。

相比于其他制度,合伙人制度的最大优点是有利于团队建设,以能力作为合伙人股权占比的衡量标准,能力强者,相应得的股权、决策权、分红权就多于平庸者,这比任何一种激励制度,都能激发人的积极性,在有利于企业管理的同时,也有利于企业吸收更多的优秀人才加入。

简单地说,合伙人制度就是通过权责的匹配和利益的捆绑,让大家风雨同舟,为了共同的事业或者目标而奋斗,消除了员工"我是局外人",以及企业发展好与坏与自己无关的看客思想,让他们以主人公的姿态投入到工作中去,最大限度地发挥了人的主观能动性。

国际领先的投资银行高盛集团采用的就是合伙人制度，该集团员工的薪酬除了基本工资、年终分红、福利外，还包括股东回报率，并制订了合伙人薪酬计划，通过制定相关的制度，对合伙人的利益进行合理配置。

高盛在全球有2万多名员工，但只有300名合伙人，合伙人的年薪高达百万美元以上，且福利待遇非常好，并持有公司股份。这么丰厚的报酬，哪个求职者不会被打动呢？福利待遇好有利于吸纳优秀人才加入高盛，促进公司的长期稳定发展。

奖励与制约总是相对的，高盛对合伙人有奖励措施，自然就会有相应的约束机制，高盛在与高管人员签署的聘用、非竞争与保证协议上，会对合伙人进行约束。

在实践中，合伙人制度的形态是多种多样的，接下来，我们主要探讨四种常见的形态，如图3-1所示。

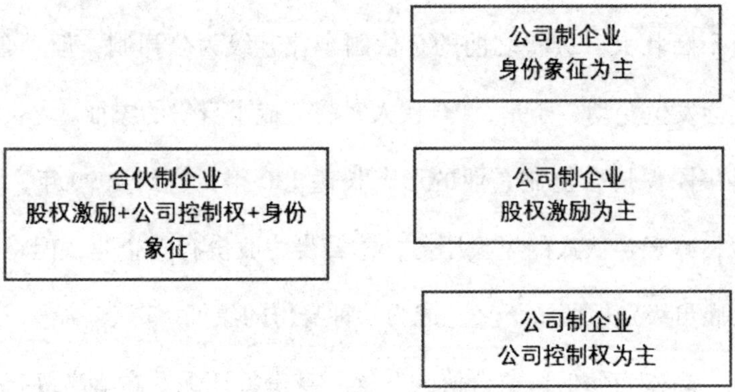

图3-1 合伙人制度的四种常见形态

（一）合伙制企业：股权激励 + 公司控制权 + 身份象征

合伙制企业多见于律师事务所、会计师事务所、咨询公司等，这些企业以注重人力资本为显著特点，要成为合伙人，必须经过严格的筛选，合伙人会享有公司控制权，享受分红，同时又是一种身份的象征。

德勤是世界四大会计师事务所之一，成立于1845年，至今还保留着普通合伙企业的形态。要想成为德勤的合伙人，可不是一件容易的事情，必须跨越"两大障碍"。

一是完成严格的绩效标准，严格到什么程度呢？"优于现有合伙人的平均水准"，也就是说，你得比"元老们"的能力更强。

二是，你得得到所有合伙人的认可，只有所有合伙人投票通过，才算成功。

有新合伙人加入时，德勤会增发股份，现有合伙人的股份会进一步被稀释，并进行工商登记。每年进行两次分红，退休或者离职时，公司会按照购买股票的价格进行退股。

（二）公司制企业：身份象征为主

企业不断壮大，会将之前的合伙制企业升级为公司制，但"合伙人"的头衔不会发生变动，于是，"合伙人"就变成了身份的象征。

高盛集团保持合伙制企业的形态长达130年，直到1999年，为了扩充资本金，减轻合伙人的风险压力，才转变为股份有限企业，但将"合伙人"作为雇员级别保留了下来，成为一种身份的象征。

那么，高盛为何保留"合伙人"这一身份象征呢？高盛高级合伙人费里德曼一语道破，他说道："没有人去清洗一辆租来的车。成为合伙人的梦想是一种无与伦比的激励力量，也是吸引最优秀人才的巨大诱惑。"

（三）公司制企业：股权激励为主

股权激励的目的是将员工的利益与公司的利益捆绑在一起，荣辱与共，有利于公司的长远发展，华为就是典型的例子。

华为是知识密集型企业，16万名员工中，研发人员占比接近50%。在创业早期，华为就推行员工持股计划，目前持有公司股票的员工人数近8万人。华为的创始人任正非只持有公司1.4%的股份，所有持有公司股份的员工每年都能享受分红。

（四）公司制企业：公司控制权为主

人才是创新型行业生产与发展的最关键因素，但是融资过多，有可能导致创始团队失去控制权，损害了股东的利益，也可能让公司的发展陷入困境。

为了避免这种情况发生，阿里巴巴采用了一种新的模式——创始团队以少数股份控制公司，这就是阿里巴巴独创的"湖畔合伙人"制度（具体内容会在第九章谈及，在此不做赘述）。

什么样的人适合参与合伙人创业

雇用制度已经成为过去时，合伙时代成为潮流，不少人在创业时，都会选择合伙人制度，但是并非所有人都适合合伙人创业，这需要一定的天赋，就像有的人天生就擅长跳舞一样。

马云在几乎一无所有的情况下，说动身边的17个人，组建"阿里十八罗汉"，一起创建阿里巴巴，特别是蔡崇信，放弃了70万美元年薪，接受每月拿500元的工资，那是因为马云有人格魅力，有格局，有信念。不然，他一无所有，别人凭什么信任他呢？所以，在选择创业方式之前，我们先要对自己进行评估，看看自己有哪些适合参与合伙人创业的特质。

（一）有原则和底线，公私分明

创业之初，合伙人往往是亲戚朋友等比较熟悉的人，有些人好面子，公私不分，没有原则和底线，这很容易导致公司经营混乱。

甲、乙两人是发小，关系胜过亲兄弟，两人合伙开办了一家面粉加工厂，合伙时并没有签订合伙协议，就是口头约定按照出资比例（6∶4）分配营收所得。经营半年后，甲觉得乙的贡献没自己大，认为应该调整分成比例，按照6.5∶3.5的比例进行。乙心中虽有不悦，但碍于两人多年的交情，只得同意。

因为来面粉厂加工的都是一些熟人，有邻居，有同学，也有亲戚朋友，乙爱面子，就同意给他们打折，这招致了甲的不满。乙觉得自己就是给人点优惠，甲就这般斤斤计较，加上之前甲不遵守约定，更改分成比例，乙越想越气，和甲大吵了一架，要求退股。

进行合伙创业的人，一定要明白一点，不管与之合伙的人是谁，在经营企业时，只有合伙人一个角色，不能掺杂太多的个人情感。

(二)输得起,承受得住失败

创业成功的企业都是九死一生,失败的就更是不计其数了,采用合伙人制度,可以让合伙人与我们共担风险,但这并不意味着创业就能成功。

马云因创办阿里巴巴而家喻户晓,可这并不是他第一次创业,他曾经做过一个"中国黄页"的网站,就以失败而告终。

所以,创业者必须有一种平和的心态,输得起,承受得住失败,不能一味想着赚钱,如果输不起,怎么能够创业呢?

(三)脚踏实地,不好高骛远

在互联网时代,人都很浮躁,好高骛远,无法做到脚踏实地地去好好干一件事,这样的人是很难取得创业成功的,更不适合选择合伙人创业。因为这样的人往往喜欢空想,做出的决定不符合实际,很容易与合伙人产生分歧。

(四)情商高

情商不高的人很难处理好企业内部各种烦琐复杂的矛盾。马云曾经说过:"智商防止失败,情商决定成功!"他曾多次在演讲中提道:"未来是个拼情商的社会,情商高的人会更加吃香。"

马云情商高,在商界是有目共睹的。有一次,柳传志当众提问:"马云和郭广昌比谁更帅?"众人爆笑,马云则不紧不慢地说道:"帅哥你第一眼看觉得长得挺好,时间长了,就腻了,越看越不好看;而长得难看的人,虽然第一眼看确实很难看,但越看越觉得好看。"

情商高的人可以"化尴尬为玉帛",能更好地与人相处,与他人合伙,首先就要解决沟通、交流、合作的问题。每个人都有缺点、劣势,如何正确看待这些问题，也涉及情商，与创业合伙人相处，就如同与伴侣相处，既需要理性，又需要情商，才能处理好公司的种种问题。

（五）大度包容，不好猜忌

有些人敏感、好猜忌，这样的人不适合创办合伙企业，因为与他人合伙，最重要的一点就是信任，唯有信任，才能将彼此心贴心，奔着共同的目标努力。当然，在创业的过程中，不可能不犯错误，不走弯路，这要求我们要大度，有包容心。

合伙人创业最忌讳的就是猜忌，如果合伙人之间都"各怀鬼胎"，各有各的想法，各打各的算盘，公司如同一盘散沙，没有凝聚力，如何能把公司经营好呢？

（六）家人能够大力支持

不要觉得你选择创业，与他人无关，是自己的事情，如果得不到家人的支持，你很难坚持下去。因为创业要走过一段十分艰难的路，在遇到困难时，你会沮丧会颓废，家人是帮助你渡过难关的精神力量。马云在创办阿里巴巴时，他的妻子张瑛就是他的合伙人，"阿里十八罗汉"之一。家人是我们坚强的后盾，如果家人都不支持你，与你合伙的人怎么能放心与你一起创业呢？

什么样的企业更适合"合伙人制"

如今,合伙人制度已经成为一种潮流,不少企业纷纷试水合伙人制度。的确,相比雇用制度,合伙人制度最大的特点是将人力资本的价值发挥到了极致,但是再好的制度,也并非放之四海而皆准。那么,哪些企业适合合伙人制度呢?

(一)初创与战略转型企业

马云曾说过:"阿里的成功是制度的成功。"我们都知道"阿里十八罗汉"的故事。在创业之初,马云要人没人,要钱没钱,举步维艰,要解决这个难题,唯有通过合伙人制度来破解。马云凭借自己的人格魅力"拉拢"17人,与他一起创办了阿里巴巴。

企业在初创阶段,常常面临着各种各样的现实问题,如资金、人力、市场等,一个人的能力无论多么强,都只是在某一个方面表现特别优秀,不可能是全能手,在高度专业化的社会里,只有将不同专业技术人员"组合"在一起,才能让企业度过初创阶段最艰难的一段日子。

任何一个企业的发展都不是一帆风顺的,当企业面临挑战时,转型就成了很多企业必然选择。2014年,房地产行业的日子不太好过,很多房企都面临着库存压力,战略转型势在必行。在大环境不利的情况下,万科开始进行转型,从住宅开发商转型为"城市配套服务商"。与此同时,配合战略转型策略,万科推出了"事业合伙人制度",以此来获得股东的支持,给予员工坚定的承诺,重新获得市场信心等。

(二)知识型企业

富士康为何不采取合伙人机制呢?因为它不具有知识个体性的特点,富士康的工人只要按照工作流程进行重复操作即可,不需要创造性。因此,对富士康而言,建立合伙人机制是毫无意义的。

但是有些企业需要不断创新,需要员工有很强的创造力、学习能力,小米公司就属于这类企业。在创业初期,雷军与几个创始人都是互联网出身,不懂得硬件技术,而要研发手机等高科技产品,需要懂得硬件技术的人才。那么,如何协调资本与知识的关系呢?

合伙人制度是一种有效手段。雷军通过合伙人制度,让技术人才加入进来,共担风险,共享企业成果,突破了雇用与被雇用的关系,激发了合伙人的工作积极性,促进了企业的稳健发展。

当下很多知识型企业都采用合伙人制度,如律师事务所、会计师事务所、咨询公司,如著名的咨询公司麦肯锡、德勤会计师事务所。

(三)业务能够被分解成小项目的企业

像律师事务所、会计师事务所,他们的业务都呈现一个显著特点——可以将业务分解成更小的单元,律师可以每人接一个案子,会计可以每人负责一个公司的业务,或者一个项目,往往不需要多人一起协作。

因此,能够将业务分解成小项目,并能够对员工贡献进行量化的企业，就可以采取合伙人制度。2014年10月，碧桂园在推出"成就共享"制度两年后，将其升级为"同心共享"制度，采用的就是项目跟投机制。比如项目A，经过审批后，集团对项目A投资占比在85%以上，剩下的就由员工来跟投，一般不会超过15%的项目股权，然后共同组成项目公司，实行同股同权，共同承担风险，享受利润分红。

（四）控制权稳定的企业

企业的股权过于集中，老板与员工就很难达成共识，也会招致员工的不满，留不住优秀的人才，他们要么去其他企业另谋高就，要么自己去创业。可原有股权结构太分散，也有弊端，会导致行动难以统一，执行力不够。

因此，只有控制权稳定的企业才适合合伙人制度。1994年的"君万之争"和2015—2017年的"宝万之争"，是万科经营多年来遇到的最大的两次危机，其实质都是争夺股权之战。在这方面我们应该学习阿里巴巴，阿里巴巴通过"湖畔合伙人"的制度，用少数股份控制了公司，确保了企业不被外人夺走。

（五）轻资产型企业

所谓的轻资产，主要是指企业的无形资产，比如企业的管理经验、整合能力、品牌、企业文化等，互联网企业是典型的轻资产型企业，如我们熟知的苹果公司、阿里巴巴、小米等，这些公司的厂房、机械设备、自然资源等有形资产占比非常小。

轻资产企业的入股价格会比重资产企业低，但同样的新增利润，轻资产企业的股票收益要高于重资产企业，因此，轻资产企业更容易得到合伙人的认同，并加入其中。

合伙人制度和股权激励的差异

由于合伙人制度与股权激励都是为了解决企业招工难、用人难、留不住人的难题,因此很容易让人误以为合伙人制度就等同于股权激励。的确,股权激励与合伙人制度有着紧密的联系,但两者又有着本质的区别。

(一)合伙人制度与股权激励的联系

不少人分不清什么是合伙人制度,什么是股权激励,主要是因为股权激励是合伙人制度的核心内容,不谈股权激励,光谈合伙人制度就毫无意义。但是,合伙人制度不只有股权激励,还需要企业建立"风险共享,利润共享"的企业文化。

事实上,很多企业不明白合伙人机制和股权激励的关系,而且合伙人制度的设置要比股权激励复杂得多,于是,就简单地认为实施了股权激励,就等于实施了合伙人制度。

(二)合伙人制度与股权激励的区别

合伙人制度与股权激励在本质上有很大的区别,其差异主要表现在以下几个方面。

1. 对象选择不同

股权激励的对象通常是企业所有员工，或者是业绩更好、更具有能力创造更好业绩的人。

企业实施合伙人制度，更看重的是人才，这里所说的人才不仅指个人能力，比如业务精湛，具有领导才能，能够领导团队创造更好的业绩，还包括是否与企业合拍，即是否认同企业的理念与文化，是否志同道合，共创大业等。阿里巴巴在招聘人才时，就会非常看重对方是否与阿里巴巴的文化理念合拍，否则即使再"高精尖"的人才也会被拒之门外。

此外，合伙人制度看重的不仅是资本价值，还包括贡献价值，阿里巴巴在创业初期，通过"阿里十八罗汉"，集资50万元，共创伟业，这"十八罗汉"，既有资本价值，更具有贡献价值。小米公司则更看重的是贡献价值，因为雷军不缺钱，资本雄厚，他需要找到的是技术型人才，来解决企业发展的关键问题。

2. 思维方式不同

小赵和小李打算通过养甲鱼来实现致富，两人合力挖了水塘，在水塘里放满水，投入甲鱼苗，定时喂食。到了年底，就可以把这些甲鱼拿到市场上去卖，就可以实现致富了。

小杨和小钟两人也打算养甲鱼致富，两人除了挖水塘，购买甲鱼苗，精心喂食外，还会定期观察甲鱼的成长情况，防病治病，并及时了解市场，学习甲鱼喂养知识，尝试不同的喂养方法等。到了年底，小杨和小钟的收益要比小赵和小李的收益高一半。

以上讲的这两个案例，小赵和小李的做法类似于股权激励，而小杨和小钟的做法类似于合伙人制度。通过对比，我们会发现股权激励与合伙人制度是完全不同的两种思维：股权激励只是单纯的一种管理行为；而合伙人制度比股权激励复杂，需要精心设计、规划，付出的心血更多。

虽然小赵和小李或许能有不错的收益，但只是短期收益，但小杨和小钟收获的是长期收益。也就是说，股权激励属于短期激励，关注的是眼前的利益，而没有长远的思维。合伙人制度是从企业发展的长远角度来思考的。

简单地说，合伙人制度下，人们既要出钱又要出力，股权激励更强调资本的意义。

3. 管理模式不同

从管理的角度来看，股权激励仅是一种激励手段，依然是以老板为中心的管理模式，员工没有决策权，不能参与经营，老板与员工的关系依然是雇用与被雇用的关系。

合伙人制度则完全不同，其经营理念以去中心化为特点，员工的角色发生了改变，不再是被雇用者，可以参与公司经营，人才得到充分的尊重。

4. 风险程度不同

股权激励与合伙人制度的目的都是激励员工的工作积极性，为企业留住人才，但是股权激励是以"利益共享"为核心的，并不会风险共担，如此一来，员工的积极性就大打折扣，只赚不赔的买卖，很难激发人的斗志。

合伙人制度不仅要利益共享，还必须风险共担，与企业同呼吸、共命运。企业经营不善，效益不好，合伙人的收益就会受损。在此压力下，人们会最大限度地发挥主观能动性，为企业创造价值，让自己获得更好的收益。

5.制约程度不同

现在越来越多的公司尝试合伙人制度，除了合伙人制度比股权激励更能调动人的积极性外，合伙人制度的灵活性也是一个重要的考虑因素。

股权激励有程序要求和法律规定，比如资产评估、利润公开等，退出需要严格按照公司法的规定进行。合伙人制度则比较灵活，可以选择股东合伙、事业合伙、生态链合伙，退出也十分灵活。

合伙人制度不是包治企业百病的"万能药"

2014年，万科总裁郁亮的一句"职业经理人制度已死，事业合伙人制度是必然趋势"将合伙人制度推向了高潮，很多大型企业纷纷试水合伙人制度。

万科推出了"事业合伙人"制度，首批1320名核心员工成为万科集团的事业合伙人。时隔一年，发展到2500名。同为房企的碧桂园，也在2014年10月，推出了"成就共享"计划升级版"同心共享"制度，此外，龙湖、绿地等大型房企推出合伙人管理模式。

其实，合伙人制度并不是始于2014年。华为实行合伙人制度已经超过10年，事业合伙人已经超过8万人。从2015年开始发展全球合伙人，可持有公司的虚拟股，小米和阿里巴巴更是从创业之初就开始实行合伙人制度，马云曾直言阿里巴巴的成功源于制度的成功。

这一切似乎都让人们觉得唯有合伙人制度能拯救企业于水火之中，能让企业发展壮大，殊不知，任何一种制度都有它的缺陷。对于企业而言，只有适合自己的才是最好的制度，就像再漂亮的鞋子，如果穿在自己脚上不合适，也没有用。

合伙人制度只不过是一种管理工具，能否用好这个工具，有多方面的原因，绝不是用了合伙人制度，就像站在风口上可以飞起来，它不是包治企业百病的"万能药"，一是因为合伙人制度也有自身的缺陷，二是因为合伙人制度并非适合所有的企业。

（一）合伙人制度的缺陷

任何一种制度都不是完美无缺的，合伙人制度亦如此，它的缺点主要表现在以下几个方面。

1. 企业规模受限

受资源来源与企业信用的影响，合伙企业的规模很难做大做强，因为企业在发展壮大过程中，大多会走融资上市这条路，但合伙人制度的企业上市会比较困难，无法发行股票和债券。

2013年，阿里巴巴想在香港上市，却被拒绝了，像阿里巴巴这样的巨头企业，让它上市求之不得，为什么香港会拒绝它呢？因为阿里巴巴采用的是合伙人制度，香港有相关规定，"同股不同权"的公司不允许上市。当时日本的软银集团和美国雅虎公司是阿里的最大股东，按照港交所的同股同权制度的规定，阿里巴巴在港上市后，马云和他的创始团队就失去了公司的控制权。

那不就相当于自己辛辛苦苦养大的孩子，送给别人了吗？马云及其创始团队当然不允许这样的事情发生，在阿里巴巴提出多种方案，都被港交所拒绝后，马云选择了远赴美国上市。

2. 风险大

《合伙企业法》第五十七条规定："一个合伙人或者数个合伙人在执业活动中因故意或者重大过失造成合伙企业债务的，应当承担无限责任或者无限连带责任，其他合伙人以其在合伙企业财产中的财产份额为限承担责任。"

也就是说，合伙人必须对自己的经营行为负责，需要承担的责任与风险要比公司股东大很多。

3. 企业稳定性差

合伙企业是多人共同享有债权，共同承担债务的管理模式，有利于缓解资金压力，但同时也有一定的风险，一旦合伙人遭遇意外身故、破产，或者退伙，都可能让企业面临解散的风险，企业的稳定性差。

（二）哪些企业不适合合伙人制度

之前，我们讲了适合合伙人制度的企业，那么，哪些企业不适合合伙人制度呢？主要有以下两种情况。

1. 国有企业不适合合伙人制度

受困于体制的束缚，国有企业是不能实现合伙人制度的，因为国有企业是不能拿出利润进行分红的，这会有国有资产流失的嫌疑，除非国资委认可才可以，但根据国企的有关规定，大多数国企还是以雇用制度为主流，不适合合伙人制度。

2. 没有前景、处于衰退期的企业

甲开了一家广告公司，因经营不佳，近年来业务量锐减，公司面临着倒闭风险，为了减少损失，甲骗取乙以 50 万元出资入伙。

显然，甲的做法是不道德的，这是恶意转嫁风险，对于没有前景、处于衰退期的企业来说，是不适合合伙人制度的，应该考虑的是如何转型，摆脱企业困境，只有自己先活好了，才能吸引别人入伙。合伙人制度需要企业的盈利能力作为支撑，没有多余的利润，如何给合伙人分红，如何才能把人留下来呢？

总之，别把合伙人制度当作百试不爽的灵丹妙药，它是系统化工程，采用合伙人制度，需要有与之配套的战略定位、薪酬体系、企业文化、公司管理模式等，否则即便实施了合伙人制度，也难以保证成功。

合伙人制度将是未来公司的主流模式

在商界，"雇用制度已死，合伙人制度已经到来"，成为时髦的流行语。很多大企业，如万科、碧桂园、绿地集团、小米公司、阿里巴巴集团都在实行合伙人制度之后，取得了巨大的成功，就连传统行业出版公司也引入了合伙人制度。

在很多人的认知里，出版行业是没落的夕阳产业，无论是出版社还是出版公司，他们的日子都过得比较清贫，但是民营出版公司读客图书却成了出版行业的一匹黑马。2016年，读客引入合伙人制度，从公司内部挑选出五名合伙人，每位合伙人奖励一台崭新的宝马轿车，这也是国内出版行业首次引入合伙人机制。

随着各行各业都纷纷开始尝试合伙人制度，人们更加坚信合伙人制度将是未来公司的主流模式，其实一种制度、一种模式能否引领主流，不是因为很多人都在尝试、实行，更重要的是它是否顺应时代要求。

（一）改善了老板与员工的关系

在传统公司里基本的组织构架是这样的：老板—部门经理—员工。这是最简单的多层级的雇用关系，越是大公司，层级越多，作为一线员工，他们会感觉自己受到了层层剥削，这里不光是老板，还包括他的领导。

有些公司会通过KPI对员工考核，可越是这样，越会让员工感觉自己在被压迫、被剥削，他们被迫工作，而非发自内心地想要工作。不是所有的指标都可以考核的，比如，如何考核员工的主观能动性呢？传统的雇用制度就像枷锁，束缚了员工的自由，也阻碍了企业的发展。

在合伙人制度的公司里，老板也好，员工也罢，大家都是创业者，是联合创业的关系，彼此的关系是平等的，共享利润，共担风险，关系会更和谐。

（二）精兵简政

苹果CEO乔布斯曾经说过："过去常常认为一位出色的人才能顶2名

平庸的员工，后来发现能顶 50 名。"苹果公司需要有创意的人才，源源不断地为公司输入新鲜血液，因此，乔布斯把招募人才当成他工作中重要的一部分。

GE 的 CEO 杰克·韦尔奇和小米 CEO 雷军与乔布斯一样，把相当多的时间用在寻找人才上。实行合伙人制度的企业，更应该把人才看成公司发展的重中之重。通常合伙人制度的公司会比同等收入规模的公司要小，但是他们所创造的价值却很大，这是因为每个合伙人都是一个超级出色的人，他们一个人的能力有可能顶得上一个团队。

读客创始人华楠对挑选合伙人有非常严格的标准，必须满足五个条件：在读客工作五年之久，如果能在自己的领域快速做到行业第一，可降低要求，满三年即可；与读客的价值观相匹配，真诚且勤奋；在所属的领域里，是行业顶尖人物；为公司做出过突出贡献；能带领出优秀的团队。

读客经过精心挑选出来的人，都是精兵强将。任何一个公司都会从利益最大化与效率最大化两个方面考虑人才的聘用，因此，合伙人制度企业都倾向于少而精的人才引进策略，精兵简政是核心原则。

（三）管理更容易

在合伙人制企业里，管理会更简单，因为每个人都在做自己的事情，不是替别人打工，谁还会偷懒呢？公司根本不需要烦琐的规章制度和考核指标。

小米公司成立之初，有"八大金刚"合伙创业。他们每个人各司其职，如果不是有重要的事情，他们平时很少沟通，都是各干各的。因为每个人都投了钱，谁也不希望自己的钱打水漂，每个人都必须要努力，这比任何管理制度都更能激发员工的积极性。

（四）自我实现的需要

小李在一家国企工作，收入稳定，工作清闲，令人羡慕。可半年前，小李却突然辞职了，成为一家广告公司的合伙人，这家广告公司刚起步不久，很多工作还没有步入正轨，公司仅维持在不亏本的状态。

亲戚朋友听说后，都觉得小李的选择太不明智，放着好好的工作不干，非要干没有"前途"的工作。但小李不这么认为，他觉得能够实现自我价值才是最好的工作。

马斯洛的需求层次理论认为，人有八大需求，即生理需求、安全需求、归属和爱的需求、尊重的需求、认知需求、审美需求、自我实现的需求和超越的需求。

自我实现是指个体的各种才能和潜能在适宜的社会环境中得以充分发挥，实现个人理想和抱负的过程，亦指个体身心潜能得到充分发挥的境界。合伙人制度满足了人们追求自我实现的需求，能让人产生成就感和价值感。

由此可见，合伙人制度，无论是对个人而言，还是对企业而言，都是一种双赢的选择，这必然会成为未来的一种主流模式，这是大势所趋。

第四章
寻找和选择合伙人

寻找合伙人的途径

寻找合伙人是创业的一项很重要的工作,合伙人找得好不好,可直接影响创业的成败。电影《中国合伙人》中有这样一句台词:"千万别跟丈母娘打麻将,千万别跟好朋友合伙开公司。"真的是这样吗?如果不能与好朋友合伙创业,我们又该找谁合伙呢?寻找合伙人的途径,大概可以分为两种:一种是线下,一种是线上。

(一)线下途径寻找合伙人

不少创业者会在线下寻找合伙人,在线下找合伙人主要以熟人为主,亲戚朋友、同学、同事等,此时企业处于起步阶段,是企业从0到1的发展阶段,很难取得外人的信任,只能从身边的熟人中找合伙人,因为之前有过交集,对方对你的为人、脾气秉性比较了解,更容易取得他人的信任,与你合伙创业。

如果你在同行中没有一定的知名度,希望陌生人与你合伙创业,几乎是不可能的,因此寻找熟人与你一起创业,是切实可行的。新东方、小米、途牛网这些公司在创业的时候,都是从熟人开始"下手"的。

新东方的创始人俞敏洪在独自创业四年后,找了两个合伙人,一个是徐小平，一个是王强，都是俞敏洪的同学，毕业于同一所学校，徐小平是俞敏洪大学时候的文化部部长，王强是他的班长，他们认识多年，都是留洋归来非常厉害的角色。

小米公司的有八个创始人，雷军是如何找到其他七个创始人的呢？在七个创始人中，有雷军的同事、朋友，以及朋友的朋友。黎万强是雷军在金山公司的同事，曾担任金山公司设计总监和金山词霸事业部总经理。后来，黎万强从金山离开后，找到雷军，透露自己有创业计划，那时雷军正好筹建小米公司，就把黎万强拉入伙了。

林斌是通过雷军的老熟人李开复介绍认识的，相识于2008年，曾在微软、谷歌担任重要职务，两人一见如故，成了非常好的朋友，后来雷军创业，林斌欣然加入。

黄江吉是微软工程院的首席工程师，因林斌曾在微软工作过一段时间，两人是同事，林斌找到黄江吉，当时黄江吉也面临着人生的转折点，有了创业的机会，他也同意加入。除了黄江吉，林斌还联系了自己在谷歌工作时的下属洪峰，洪峰同意加入后，他又将美国艺术中心设计学院的高才生刘德请了进来。

途牛网的合伙人都是志同道合的好朋友。途牛 CEO 于敦德与途牛网总裁兼 COO 严海峰在读大学时就是好朋友，两人相识于东南大学，于敦德在大学期间创办了"先声网"的学生社区，在创建社区的时候，他认识了严海峰，后来，严海峰成了他事业上的合伙人。2006 年，于敦德、严海峰与东南大学的另外两名好朋友合作，共同创办了"途牛网"。

由此可见，在创业从 0 到 1 的发展阶段，熟人是多么重要，很多创业合伙人都是从熟人中发展起来的,这样的合伙人因为认识多年,有信任基础,对彼此的能力也十分了解,所以说"创业不要与朋友合伙",这句话不是百分之百正确。

万事开头难,当我们找到了一个优秀的合伙人,他带来的不仅是资本价值,还可能会拉他的朋友入伙。小米公司的创始团队可以称得上"豪华天团",他们都是彼此熟悉和认识的,要么是同事,要么是朋友,然后他们再将自己的同事和朋友拉入伙,从而组建了一支非常厉害的团队。

可能有人会说和熟人合伙创办公司,以后发生矛盾,连朋友都做不成了,其实不管是和谁合伙,矛盾都将是无法避免的,签订合伙协议,一切按照规章制度办事,私下是朋友,工作上是合作伙伴,两者的关系必须要搞清楚,不能公私不分。

除了从熟人中找合伙人,我们还可以从一些培训中,结识"情投意合"的人,比如参加创投学习分享课程,通过这样的学习培训结识更广的人脉,若能找到合适的合伙人也是不错的选择,不过这样的概率较低。

(二)线上途径寻找合伙人

通过线上途径寻找合伙人,我们可以借助专门的找合伙人的网站、平台,比如,缘创派、爱合伙、乌鸦部落、青伙等,这些都是找合伙人的垂直平台。此外,我们还可以去创业类型的延伸平台,如人脉社群、创投服务、创客空间孵化器等。

通过线上途径寻找合伙人,最好是同城的,方便日后沟通交流,即便是在线上聊得很好,也要在线下见面沟通,确定对方是自己要找的合伙人。

是否具有创业者的特质

创业成功九死一生,失败的更是多如牛毛了。据不完全统计,在中国,创业企业失败率达到了80%,创业企业存活率不足3年,大学生创业的失败率更是高达95%。创业是非常冒险的事情,而且不是所有的人都适合创业,有的人喜欢安安稳稳地过日子,有的人天生就"不安分",喜欢冒险,因此,我们在寻找合伙人时,首先就要考察对方是否具有创业者的特质。

(一)创业精神

我们在寻找合伙人时,可能会考虑对方是否有足够的资源,能力是不是很全面,是否渴望创业等因素,当然,这些因素是值得考虑的,但是我们最不能忽视的一个问题是这个人是否具有创业精神。

什么是创业精神呢?星巴克咖啡的首席执行官霍华德·舒尔茨的经历,或许能让我们对创业精神有深刻的理解。

霍华德·舒尔茨从小家境贫寒,但是他一直很自信,相信自己有一天会成功。后来他考上了大学,但他在大学期间过得十分艰辛,在酒吧里当过侍应生,借过贷款,还曾困难到卖血为生。毕业后,他先是做销售工作,之后跳槽到星巴克做市场营销工作,那时的星巴克可不是今天的星巴克，只是一个很小的咖啡店。

霍华德·舒尔茨很有想法，他想开一个小型的意大利浓缩咖啡吧，但被上司无情地拒绝了。可霍华德·舒尔茨不死心，想尽办法开了一家店，成了星巴克的竞争对手，两年后，他就将星巴克收购了。一年后，星巴克的销售额就高达150亿美元，当初他收购星巴克时只用了380万美元。

所谓的创业精神就是对自己喜欢做、想做的事情，有极高的热情，不管遇到什么样的困难，都会勇往直前，直到将它做好、完成，有创业精神的人会自我燃烧，激发出主动性。

（二）有极强的学习能力，坚持学习

2001年，乔布斯在接受采访时，曾说过这样一句话："拥有出色的人才，是公司的一大竞争优势。这一优势能让公司超越竞争对手，这或许不是一件容易的事，但如果能够找到顶尖高手，对我们而言就轻而易举了。"

乔布斯在管理苹果公司时，将人才分成A、B、C级，A级是高精尖人才，"我过去常常认为一位出色的人才能顶两名平庸的员工，现在我认为能顶50名"。我们在寻找合伙人时，当然希望自己如乔布斯、雷军一样，寻找到高精尖人才，组建一个"豪华天团"。但是我们不如乔布斯、雷军优秀，优秀的人才或许不愿意成为我们中的一员。

但是，任何优秀的人才都是不断学习的结果，我们寻找不到最优秀的人才，可以去寻找学习能力强，愿意持之以恒学习的人，这样的人具备了成为优秀人才的潜力，让他们成为我们的合伙人，会给公司后续发展带来极大的推动力。

另外，具有极强学习能力的人，不惧怕挑战，即便是遇到困难，他们

也不会轻易退缩，在创业从 0 到 1 的阶段，是非常困难的，如果合伙人遇到困难就退缩，怎么可能战胜困难，获得成功呢？只有百折不挠，才能风雨过后见彩虹。

当然，我们与这样的人合伙创业，会发生很多争执，但这样的争执是有意义的，往往会碰撞出更多智慧的火花。

马云在谈到阿里巴巴和自己成功秘诀时，说道："第一，你自己要相信，就是'我相信''我们相信'；第二是坚持；第三，我们学习；第四，我们做正确的事和正确地做事——正是这四个关键使阿里巴巴走到现在。"

在四条成功秘诀中，学习是其中之一，马云解释说："中国经济、世界经济互联网加上我们的年轻，如果我们不学习，不成长，我们对不起自己，也对不起这个时代。"

经营企业就如逆水行舟，在激烈的市场竞争中，不进则退，而唯有不断学习，我们才能进步，才能审时度势，尽早发现危机，避免企业遭受严重损失。

（三）开放合作的心态

开放合作的心态是创业者必备的特质之一，在高度专业化的社会里，每个人的能力都是有限的，成功需要一群人的协作努力，因此，我们选择的合伙人必须持有开放合作的心态，愿意与他人合作，愿意向他人学习，愿意承担风险，愿意配合别人做配角，也能在需要的时候挑起大梁。

如果选择一个小肚鸡肠、斤斤计较，总把个人得失放在首位，包藏私心的人做合伙人，他给企业带来的贡献是有限的，同时也会影响团队关系，破坏团队团结合作的氛围，可谓害群之马。

合伙人一定要有专业的背景

韩愈的《师说》中有这样一句:"闻道有先后,术业有专攻。"在专业化程度越来越高的当下,专业的背景显得愈加重要,我们在选择合伙人时,一定要有专业的背景。如果做的是互联网公司,却请一个养殖专业户来合伙,显然是风马牛不相及的事情,更不用说成功了。

但凡采用合伙人制度做大做强的公司,在选择合伙人时,都是非常注重专业背景的,比如小米的"八大金刚"、新东方的"三驾马车"、携程的"四君子",还有百度的"七剑客"等,下面我们就来看看这些合伙人是多么厉害。

(一)小米的"八大金刚"

小米的"八大金刚"是指雷军、林斌、黎万强、黄江吉、周光平、洪峰、刘德、王川。我们来看看他们在成为小米的创始人之前,都有怎样的辉煌经历吧。

雷军,天生就有一颗"不安分"的心,不愿意走寻常路,在武汉大学读大三时,就通过帮别人开发软件,成了百万富翁,天生就有创业的天赋。毕业后加盟金山公司,曾出任金山软件公司董事长。

林斌曾先后就职于微软和谷歌,担任过微软亚洲研究院高级开发经理,微软亚洲工程院工程总监,谷歌中国工程研究院副院长、工程总监等重要职务。

黎万强,曾任金山词霸总经理,参与过金山毒霸、金山词霸、WPS Office等多个知名软件项目不同版本的开发。

黄江吉,毕业于美国普渡大学,在微软公司工作时间超过10年,是原Microsoft中国工程院开发总监。

周光平,美国佐治亚理工大学电磁学与无线技术博士,曾在摩托罗拉担任过要职,是美国摩托罗拉手机总部核心设计组核心专家工程师。

洪峰,拥有美国普渡大学计算机科学硕士学位,曾服务于谷歌,担任谷歌高级软件工程师、谷歌中国高级产品经理等。

刘德,北京理工大学工业设计学士、机械工程硕士,后取得美国艺术中心学院工业设计硕士学位。

王川在加入小米前,曾多次创业,创业内容多与交互设计、用户体验有关,曾做过机顶盒,实战经验丰富。

由此看来,小米的八个创始人是名副其实的"豪华天团",有留洋的硕士、博士,有在世界500强公司工作多年的技术骨干,还有历经数次创业的实践者,专业背景十分强,这样的人组合在一起,四两拨千斤。

(二)新东方的"三驾马车"

新东方的"三驾马车",是指俞敏洪、徐小平和王强。三个人都毕业于北大,王强与俞敏洪是北大西方语系同学,王强是班长。两人毕业后,都留校任教,后来俞敏洪因为违规办学,受到学校处分,他从学校辞职后，创办了新东方。王强后来去美国纽约州立大学留学，取得了计算机专业硕士学位。徐小平起初学的不是英语，而是音乐，北大毕业后，出国留学，拥有硕士学位。

不难看出，俞敏洪、徐小平、王强三人都与英语专业有密切的联系，而且王强与徐小平都有出国的经历，更增加了他们见识的广度和深度，王强曾在新东方任教时，创造出一种新的教学方法——美语思维法，在口语教学方面，是一大创新。

（三）百度"七剑客"

百度"七剑客"是指李彦宏、雷鸣、徐勇、王啸、刘建国、郭眈和崔珊珊。这七个人与小米的"八大金刚"有些类似，都是高精尖人才，在成为百度创始人之前，都已经荣誉加身。

李彦宏，毕业于北京大学信息管理专业，拥有美国布法罗纽约州立大学计算机科学硕士学位，曾担任道·琼斯公司高级顾问，Infoseek 公司资深工程师。

雷鸣，北京大学计算机系，取得硕士学位，2000 年，他放弃了美国七所大学的全额奖学金，成为百度合伙人。

徐勇，毕业于北京大学生物系，获美国洛克菲勒基金会博士奖学金，取得美国得州 A&M 大学博士学位，随后任加州大学伯克利分校博士。

王啸，毕业于北京邮电大学。

刘建国，本科毕业于西安交通大学，研究生毕业于北京大学，在进入百度公司之前，是北京大学计算机科学技术系的副教授。

郭眈，北京交通大学获硕士学位，斯坦福大学 Sloan Fellow，具有工学博士学位。

崔珊珊，北京理工大学、中国科学院毕业。百度"七剑客"中唯一的女性。

百度"七剑客"都是高学历，履历都非常精彩，大多毕业于国内外知名大学。

有人说马云能成功，是因为马云考上了大学，不是因为他考上的大学有多好，而是考上大学后，他的人脉资源会更广。创业选择合伙人亦如此，当合伙人有专业的背景时，带来的除了知识资本外，还有人脉资源，这对创业来说，是多么求之不得的事情啊！

志同道合很重要

虽然合伙人制度是当下的一种趋势，但是一些创业者在提及合伙创业时，会心存忌惮，因为太多"仇人式散伙"，而且创业选择的合伙人大多是熟人，亲戚朋友多为常见，最后落得生意不成，情谊也不复存在，损失太大。

A和B是同事，两人先后从一家咨询公司辞职后，合伙创建了一家名为瑞华的管理咨询公司。经过近一年的发展，公司的业务量逐步稳定了下来。此时，A和B出现了分歧，B认为应该再成立一家新公司，A则认为瑞华公司刚稳定下来，此时扩张不是时候，应该将这家公司做大做强之后，再考虑扩张一事。两人意见不一致，数次沟通后无果，最后 B 提出退股（没有相关的合伙协议，公司成立之初未作规定），离开了公司。刚刚起步的公司因为资金被 B 撤走，发展举步维艰，10 个月后，瑞华管理咨询公司被迫关门。

不少创业者，在创业之初，急于寻找合伙人，往往容易感情用事，制度、股权等事宜没有明确确定，待企业做大之后，很容易因为利益、目标不同，产生分歧，关系开始剑拔弩张，导致公司内耗，最终落得以"仇人式散伙"。

对于创业者来说，除了在创业之初，与合伙人制定好规章制度外，寻找一个志同道合的合伙人最重要，这样你们的目标才是一致的，才会拧成一股绳，一起努力，否则，就难以形成合力，甚至是背道而驰。

那么，什么是志同道合的合伙人呢？目标一致很重要。合伙人只有目标一致，才能心无旁骛，集中力量去做一件事，做成的概率要比朝三暮四大得多。

马云在准备创业的时候，召集了"阿里十八罗汉"，当时马云给这些人开的月薪只有 500 元，但承诺如果创业成功了，一定会和大家一起分享成果。大家非常信任马云，认可马云要干的事情，与马云有共同的理想与信念。在创业之初，就有 18 位合伙人，也是非常少见的，而将大家聚在一起的力量就是志同道合。

在"阿里十八罗汉"中有一个人十分特殊，他就是蔡崇信。当时他是瑞典投资公司 Investor AB 的高管，年薪 70 万美元，按照当时的汇率，折合成人民币高达 580 万元。可他却愿意放弃高薪，顶着家人的压力，接受月薪 500 元的条件，这就是志同道合的力量。

时至今日，阿里巴巴有两个永久性合伙人，除了马云，就是蔡崇信。马云曾坦言，阿里巴巴有今天的成就，他最感谢的人就是蔡崇信，在阿里巴巴发展的几个关键节点，蔡崇信都起到了关键的作用。

比如，在创业之初，他就给合伙人拟定出了符合国际惯例的股份合同，确保了阿里巴巴的顺利发展。2000 年，蔡崇信陪同马云与软件银行集团总裁孙正义谈判，获得了 2000 万美元的投资，让阿里巴巴躲过了互联网的"寒冬"。

2004 年和 2005 年，蔡崇信筹资 8200 万美元，阿里巴巴成功合并雅虎中国，帮助阿里巴巴坐稳了中国第一大电子商务的宝座。2014 年，蔡崇信带领阿里巴巴在美国成功上市。

正因为志同道合，马云与蔡崇信惺惺相惜，并肩作战，荣辱与共，在阿里巴巴遇到困难时，不离不弃，在阿里巴巴收获成功时，一起分享胜利的成果。

创业，九死一生，若不是志同道合，怎能度过创业过程中的沟沟坎坎，阿里巴巴如此，三一重工更是如此。三一重工股份有限公司董事长梁稳根在提及企业的发展时，他认为是人造就了今日的三一重工，尤其是当年和他一起贩羊的唐修国、袁金华、毛中吾。

梁稳根大学毕业后，进入一家国营机械厂，但他十分"不安分"，一心想创业，后来辞去了"铁饭碗"，和三个兄弟一起去贩羊，以失败而告终。之后又做过酒和玻璃纤维方面的生意，都失败了，但梁稳根、唐修国、袁金华、毛中吾四个人始终不离不弃,有难同当。

1986年,梁稳根又与他的三个铁杆兄弟成立了涟源茅塘焊接材料厂,经过100多次调整配方,几十次改变工艺,终于生产出第一个产品——105铜基焊料,却被客户退了货,因为质量不过关。又经过数月的努力,才生产出合格的产品,收到了第一笔8000元的货款。企业得以生存下去。三年后,收入突破了1000万元,三一重工才真正走上了正轨。

共同的理想和信念,让梁稳根与他的伙伴们"永结同心",即便是历经艰辛,也彼此支撑和鼓励,如今,三一重工已经成长为全球最大的混凝土机械制造商、全球工程机械制造商50强之一,而这些都是梁稳根与他的兄弟们共同创造的成果。试问:如果不是志同道合,在面对艰难险阻时,他们能齐头并进吗?

优势互补,补足短板

俗话说:"三个臭皮匠,顶一个诸葛亮。"这句话总结出了团队合作的意义在于优势互补。创业找合伙人,就要找一个能够弥补自身短板的人,如果两人保持同步,旗鼓相当,以后在企业发展过程中,遇到问题解决起来就比较麻烦,合伙人一定要发挥他自己的优势,并能产生1+1>2的效果,如此才能提高整个团队的战斗力。

《河南日报》上曾刊登过这样一则新闻：平顶山市农民李新东与几名返乡的老乡创办了一个名为"返乡创业互助组"的组织，身份从原来的打工者变成了小老板，收入也是原来的三倍。

如果把李新东与他的合伙人当成一个个体来看待，他们都很普通，只是普通的农民，但是将他们组合成优势互补的群体就完全不一样了。他们中有人懂车床技术，有人擅长拼接，有人精于焊接，还有人熟悉市场，团结起来进行优势互补，就弥补了各自的不足，实现了组合力量。

其实，只要我们细心观察，就会发现很多优秀的合伙企业，他们的合伙人各具特色，有人的健谈，是场面人，有的人低调但思路敏捷，有的人懂技术，有的善于数据分析，有的人看似中庸，却起到团队黏合剂的作用，但他们都有强烈的创业的欲望。

创业是走别人没有走过的路，没有经验和先例可参考，需要摸着石头过河，承受着巨大的风险，一个人单打独斗是不可能成功的，因为一个人的创造力是有限的，因此必须寻找合作伙伴，组建一支优势互补的优秀团队，一起去面对创业过程中的凶险。

关于优秀团队，不少创业者存在着认识上的误区，认为一支优秀的团队，其中的每一个人都必须是最优秀的。其实不然，团队是否优秀，关键在于它是否是一支优势互补、团结协作的团队。就像小米公司的"八大金刚"，这八个人虽然都很厉害，但他们都有自己擅长的一面，有人精通技术，有人懂互联网。

这就像排球比赛，上场的六个人，每个人都有自己的定位，有人担当主攻角色，有人承担副攻任务，有人负责一传，有人组织进攻等，如果让自由人来打主攻的位置，一定糟糕至极，同样，主攻由于比较高，在防守方面可能就不占优势，但是当他们各司其职，相互配合时，往往就能打出一场精彩的比赛。

德鲁·休斯顿是一个非常聪明的人，天赋异禀，5岁就开始学习编程，读大学时就开始创业，创办了一家SAT备考公司，他希望能获得一些投资，加快公司的发展。于是，他申请了第一批YCombinator孵化器公司，然而被无情地拒绝了。

创业失败两年后的2007年，休斯顿产生了创办Dropbox的想法，他又一次向YCombinator申请了Dropbox的孵化支持，结果和第一次一样。原因是他单枪匹马的方式不适合创业，YCombinator联合创始人保罗格雷厄姆建议休斯顿去寻找一位联合创始人，理由是一个人单打独斗可能会做出错误的决策，无法保证公司能健康地发展。如果寻找一个优势互补的合伙人，就能避免一些错误的决定，负面的问题也很容易被抵消，或者更容易化解。

两周后，休斯顿就为Dropbox找到了一名联合创始人——阿拉什·费多斯基，他是休斯顿麻省理工的校友，初次见面，两人进行了一次不过两个小时的交谈，就确定了合作，两人可谓志投意合。

找到合伙人之后，休斯顿好运连连，红杉资本为Dropbox提供了资本支持。Dropbox成功后，引起了很多商界大佬的关注，如乔布斯、扎克伯格，但休斯顿拒绝被苹果收购，与Facebook的董事长扎克伯格却越走越近。2020年，Facebook将休斯顿任命为董事。

提起苹果，很多人都会想到乔布斯。乔布斯虽然能够开发出一流的产品，但这并不能保证苹果能够避免危机。1997年，苹果公司亏损10多亿美元，徘徊在倒闭的边缘，乔布斯意识到供应链运营上出了问题。

于是，乔布斯从康柏挖来库克。库克是一名运营管理专家，经过两年左右的时间，他理顺了苹果的供应链，建立了JIT库存系统，让苹果公司重塑辉煌。

在当今这个市场竞争异常激烈的社会，"三个臭皮匠，顶一个诸葛亮"的法则依然适用，无数事实证明，团队合作远胜于单兵作战，因此，创业者一定要寻找和自己优势互补的伙伴，知人善用，扬长避短。

人品和信任不容忽视

选择合伙人时，我们要记住一句话：人品比能力更重要。因为人品不好，合伙人就无法融入团队，无法产生信任，那么，合伙人有再强的能力又有什么用呢？甚至他会把公司搞得乌烟瘴气，让公司面临倒闭的困境。

（一）中坤集团的内讧

万科、碧桂园、绿地集团等房企纷纷通过合伙人制度来激发企业活力，同为房地产企业的中坤投资集团却按兵不动，因为中坤集团的总裁黄怒波始终对引入合伙人制度心存疑虑，这源于多年前中坤集团的一次内讧。

那是在中坤集团成立的初始阶段，黄怒波之前的部下因在原单位犯了事，来投奔黄怒波，黄怒波让他们加盟了进来。后来项目越做越大，黄怒波将大部分的时间用在战略布局和找项目上，无暇顾及公司的管理，出于对老部下的信任，将公司的财权、人权、物权全部交由他们管理，可就是这个决定，差点让他的公司被这些老部下连锅端了，损失高达上千万元。

直到有一天，一个合作者无意间问黄怒波，是否注册了一家新公司，他才如梦初醒，自己已经好长时间没有看到财务报表了。仔细一查，才发现他曾经信任的老部下已经联合注册了自己的公司，更可气的是，还将公司的一层办公楼的产权转到他们公司的名下，财务账目更是一塌糊涂，几千万元不知所踪。

黄怒波一怒之下，开始对公司进行整顿，才发现这些老部下将财务、人事等重要部门骨干，乃至黄怒波的司机，都已经成功洗脑，如果不是发现得及时，今日的中坤集团或许就不复存在了。

由此可见，将人品有问题的人请进公司，简直就是引狼入室，如果对方是我们的合伙人，危害就更大了，有可能直接让公司破产倒闭。而且越是有能力的人，若人品差，就越危险，将他们请进来，我们怎么能信任他们？没有信任，团队怎么能拧成一股绳，一起奋斗呢？

（二）真功夫创始人潘宇海将合伙人蔡达标送进监狱

要说真功夫的创始人潘宇海与合伙人蔡达标的恩怨情仇，首先我们要厘清蔡达标与潘宇海、潘敏峰的关系。蔡达标与潘敏峰原本是夫妻，潘宇海是潘敏峰的弟弟，也就是蔡达标的小舅子。

1990年，潘宇海创办了168甜品屋，生意十分兴隆，1994年，蔡达标与潘宇海各出资4万元，将168甜品屋改名为168蒸品餐厅，标志着蔡达标正式成为潘宇海的合伙人。后来，生意越来越好，168蒸品餐厅扩展为三家，但主导权掌握在潘宇海手上。

1997年，"电脑程控蒸汽柜"的使用，使168蒸品餐厅告别了作坊式的运作模式，开启了大规模的扩张模式，蔡达标的运营能力日益凸显。同年年底，双种子饮食公司成立，潘宇海占股50%，蔡达标和潘敏峰各占25%。

2004年，蔡达标花重金请品牌管理专家进行品牌策划，进行企业升级，正式引入"真功夫"品牌，但这一举动却引发了他与潘宇海的正面冲突，潘宇海认为不应该放弃"双种子"，不同意启用"真功夫"。

这次因理念差异引发的冲突，最终以蔡达标的胜利而告终，并确立了以蔡达标为核心的真功夫团队，从此真功夫开启了发展的加速模式。同时潘宇海与蔡达标两人的矛盾也愈演愈烈，2006年，蔡达标与潘敏峰两人离婚。

随着公司的壮大，很多潘家的亲戚来到真功夫上班，蔡达标认为这不利于管理，开始清除潘家的势力，这引发了潘氏姐弟的不满。2009年，潘敏峰和窦效嫘（潘宇海的妻子）闯入真功夫的总部，要求查阅账目，未果后，潘宇海起诉真功夫，要求公布财务报告等内容，获得胜诉。

2011年9月，蔡达标以及公司高管因涉嫌经济犯罪被警方调查，不久后，蔡达标辞去公司董事长等职务，委派蔡春红担任公司董事长，提名冼顺祥担任总经理。内斗门一触即发，潘蔡两家势同水火，曾经美好的爱情、亲情都随着这场利益之争灰飞烟灭了。

2013年12月,法院认定蔡达标职务侵占、挪用资金的罪名成立,判处14年有期徒刑,潘蔡的纷争才告一段落。

找合伙人,一定要把人品作为重要的考量标准,人品凸显了一个人的胸怀与格局,而又决定了事业能够做得有多大,选择一个人品好的人,我们才能够信任他,把工作交给他去做。

企业如何选择内部合伙人

内部合伙人是麦肯锡、万科、阿里巴巴等一些大企业都在实行的制度。选择内部合伙人,可以增强企业与员工的紧密联系,激发员工的工作积极性,促进企业的发展。那么,企业如何选择内部合伙人呢?

(一)明确合伙人的选择标准

企业选择合伙人,必须有明确的标准,总体标准可以包括对所属企业忠诚;对企业的发展有信心;合伙人的能力强,综合素质高,能带领团队完成既定目标;合伙人之间优势互补;愿意为公司的发展出力,建言献策,积极投入到公司的建设与发展中去等。

麦肯锡是一家私营公司,一直采用合伙人制度进行管理,其所有权与管理权掌控在600位高级董事与董事手中。高级董事是指资深合伙人,董事是指合伙人。

要想成为麦肯锡的合伙人,首先你在加入麦肯锡时曾做过咨询人员,而且要通过 6~7 年的严格培训,接受实践的锻炼后,才能从咨询人员中脱颖而出,晋升为董事。此外,麦肯锡奉行不进则退的原则,没有达到晋升标准的人员,就会被劝退,5~6 个咨询人员中会有一个人升为董事,可见被公司劝退的比例还是蛮高的。

阿里巴巴公司的核心控制权掌握在合伙人手中,当然会对合伙人的选择非常谨慎。一般来说,阿里巴巴的合伙人候选人的资格要符合以下条件。

1. 讲诚信,个人德行高。

2. 在阿里巴巴集团及相关单位工作时间不少于 5 年。

3. 对阿里巴巴的发展做出过贡献。

4. 传承阿里巴巴的企业文化,践行公司使命、愿景和核心价值观。

满足以上条件的候选人,需要经过一年的考察期,考察期满,进行合伙人投票,75% 的合伙人通过才能正式升级为新合伙人,成为新合伙人后必须持有公司一定的股份。

(二)明确合伙人的进入与退出机制

合伙人的进入机制比较简单,以碧桂园的"同心共享"计划为例,采用的就是项目跟投的合伙人模式,管理层必须跟投,员工则自愿跟投。

另外,企业还要制定出合伙人退出机制,明确合伙人资格的终止、退出条件。2020 年,阿里巴巴集团对天猫总裁蒋凡做出了取消阿里合伙人身份的处罚,该事件源于蒋凡的妻子在公众场合喊话拥有千万粉丝的网红"张大奕",蒋凡陷入"小三"丑闻,引发了大量网友的关注,使阿里巴巴的企业形象受损。那么，阿里巴巴对合伙人的退出有怎样的规定呢？

1. 合伙人可以随时选择退休，退休后就丧失了合伙人的资格。

2. 合伙人满60岁，自动退休，丧失合伙人资格。

3. 离开阿里巴巴，丧失合伙人资格。

4. 死亡或丧失行为能力，丧失合伙人资格。

除了以上四个硬性条件外，出现严重不当行为，或者工作出现重大失误，不持有阿里巴巴股票，没有践行阿里巴巴文化等，经合伙人投票，投票数过半，就会被取消合伙人资格。

（三）明确合伙人的投入与收益

只有明确合伙人的投入与收益，才能让合伙人的权益得到保障，不谈投入与收益，谈合伙人制度就是空谈，没有哪个合伙人愿意跟随没有信用的公司。最好能让合伙人投入一定资金，增强为自己工作的意识。

小米在创办早期，合伙人就参与了创业，他们只领取很少的工资，甚至不领工资，但早期56名员工就投资了1100多万美元。大家投入了真金白银，肯定都要团结一致，努力工作，毕竟谁也不想让自己的钱打水漂。当然，合伙人不能白投资，公司应该明确这些合伙人的收益，明确股权配置。

比如，碧桂园推行的"成就共享"合伙人制度，就明确规定了区域主导扩展项目与集团主导拓展的项目的成就共享股权金额的计算方法。

1. 区域主导拓展的项目：成就共享股权金额＝（净利润－自有资金按年折算后的金额×30%）×20%

2. 集团主导拓展的项目：成就共享股权金额 =（净利润 – 自有资金按年折算后的金额 ×30%）×（10%~15%）

合伙人明确自己的收益，就会拼命干，创造奇迹。

（四）合伙人的投入收益应是企业增值部分的收益

合伙人的投入收益应是企业增值部分的收益，意思是说，一方面合伙人完成了既定经营目标，要享受工资收入，让合伙人有安全感；另一方面合伙人要享受利润的分红。

比如，高盛集团的员工的薪酬就包括基本工资、年终分红、福利，以及股东回报率，使合伙人的利益得到合理的配置。

选择合伙人必须要避开的"雷区"

选对了合伙人，事业就成功了一半。小米的"八大金刚"、阿里巴巴的"十八罗汉"、新东方的"三驾马车"、三一重工的"四君子"，就是很好的例子。如果选错了合伙人，有可能让企业毁于一旦，潘宇海与蔡达标的厮杀就是佐证。因此，在选择合伙人时，一定要避开以下"雷区"。

"雷区"一：选择合伙人太随意

王某原是某民企的人力资源总监，他所在的企业效益还不错，年销售额近亿元。后来一大股东撤资了，企业发展受阻，无奈之下，他选择与公司的销售总监、设计总监组成创业团队，两人没有创业经验，对企业的发展也没有规划，但为了企业能生存下去，只能硬着头皮上。

王某拿出了 100 万元入股，不到半年时间，100 万元就亏损完了，而且企业每个月依然在亏损。三个股东商量后，按照股份比例投资，以此来弥补亏损。这样一来，王某每个月都要垫钱，窟窿越来越大，后来实在承受不住，王某退出了，退出时，不仅股份没有变现，自己投资的 100 多万元也打了水漂。

显然，王某没有创业的打算，只是不希望效益这么好的企业倒闭，匆忙之中与几个同事合伙投资，可因为这三个人对创业没有理念，也缺乏实战经验，无法实现优势互补，导致企业一蹶不振，王某损失惨重。

选择合伙人，一定要认真寻找，绝不是随便找一个人就可以成为合伙人的。小米的 CEO 雷军在创办公司的时候，把大部分时间都用在找人上，有时为了找到一个合适的合伙人，打几百个电话，和别人一谈就是四五个小时。不是我们认识的人就可以做合伙人的。

"雷区"二：公私不分，感情用事

电影《中国合伙人》里有这样一句话："不要和最好的朋友开公司。"这句话不是百分之百正确，但有一定的道理。和最好的朋友合伙开公司最大的难点是公私不分，感情用事。

中坤集团不采用合伙人制度，就源于中坤集团董事长黄怒波差点被老部下将公司搞垮，他的那些老部下在原单位犯了错误，可以说是已经有了劣迹了，而且他们没有什么本事，可黄怒波却愿意收留他们，讲的就是旧情，这是公私不分的表现。

待这些老部下进入公司之后，他又很信任地将公司的一些要职交给他们,连财务报表黄怒波都看不到,也几乎不过问,这是感情用事。直到东窗事发,才得知自己的公司损失了几千万元,如果再晚些时候发现,恐怕公司就不复存在了!

还有之前炒得沸沸扬扬的两位明星事件,两人在热恋期合伙创业,很难做到理智,事后两人劳燕分飞了,又开始算总账,这又怎么能算得清呢?劳心伤神,徒增烦恼。

"雷区"三:朋友是最好的合伙人

张某是某软件公司的业务员,李某是一家公司的软件开发工程师,张某与李某是多年的朋友,两人对现在的工作都不是很满意,都想创业,于是两人一拍即合,成立了一家软件公司。

李某性格开朗,说话直爽,有什么事情都喜欢直来直去,张某做业务多年,比较世故圆滑,且十分敏感。两人在性格上有很大差异,两人有时会因为意见不一致发生争吵,争吵之后,张某表面上同意李某的做法,事后又在背地里搞小动作,搞得两人的关系十分僵,公司经营一年多,李某就退出了,创业失败。

有些人适合做朋友,却不一定适合做合伙人,做合伙人需要在能力、性格等方面有互补性,配合默契,因此选择合伙人时,一定要仔细权衡。

"雷区"四:职责不明,资金监管缺位

孟某和孙某合伙经营了一家广告公司,孙某负责公司的业务,孟某主要负责设计,两人分工明确,因孙某长期在外跑业务,对公司的资金管理、使用、流向等很少过问,结果辛苦干了一年,才发现公司入不敷出,要求孟某拿出公司账目明细,孟某则一问三不知。作为公司的合伙人,一定要对资金进行监管，包括如何使用、流向等。

俗话说，害人之心不可有，防人之心不可无。选择合伙人，一定要先小人后君子，签订书面协议，不要因为信任对方，或者碍于情面，就对一些实质问题避而不谈，有些问题必须拿到台面上来，清清楚楚地写在协议中，日后才有据可循，不至于发生扯皮现象。

合伙创业一定要把账目做清楚，做细致，且做到手续齐全，经得起检查；对账目的进出情况，企业的经营状况及时向合伙人公开；在合伙协议中写清楚如何进行利益分配等，只有做到"亲兄弟明算账"，才能坦诚合作。

第五章
合伙人股权设置

合伙创业如何确立创始人

小米公司的创始人是雷军,京东的创始人是刘强东,阿里巴巴的创始人是以马云为首的"十八罗汉"。在合伙制企业中,常常会有一个或者数个创始人,那么,这个创始人是如何确立的呢?创始人的确立一般要从两个方面来考虑。

(一)从风险的角度来确立创始人

创始人所要承担的风险比合伙人要大得多,在创业初期,通常公司的启动资金都是创始人投入的,或者占有总投资额较大的比重,几乎不会有外部融资,公司一旦失败,就意味着创始人所投入的资金付诸东流了,甚至是负债累累。

当公司进入启动阶段,公司有一定资金了,这些资金可能来自投资人,或者是营收。创始人每个月能够获得很少的收益,这样的收益会远远低于同行业职员的工资收入。在这个阶段,公司能够存活并发展壮大的概率只有一半,创始人所承受的压力还是非常大的。

只有当公司进入正常运行阶段,创始人的收益达到同行业职员的平均工资水平,公司失败的可能性很小,创始人的风险才会比较低。

从风险的角度讲，如果在公司创业之初，参与者需要承担很大的风险，每月都拿不到工资或者拿到很少的工资，就应该将参与者作为公司的创始人。

众所周知，阿里巴巴有十八个创始人，也就是我们俗称的"十八罗汉"，为什么阿里巴巴会有这么多创始人呢？这在创业公司中是非常少见的。那是因为这十八个人共同筹集了 50 万元，创办了阿里巴巴，而且当初马云承诺他们每个人只有 500 元的工资，并且这种现状持续了很长一段时间。

今天看来，阿里巴巴的创始人都非常富有，但在当时风险是非常大的，很有可能连他们投资的钱都拿不回来，更不用说工资了。因此，阿里巴巴的创始人理应是 18 人。

（二）从投资金额所占比重来确定创始人

公司的创始人最好是最大股东，投资金额占到总金额的 60% 以上，对公司有绝对的控制权。小米公司是由"八大金刚"创办的，但创始人为什么是雷军一人呢？而且雷军是搞互联网的，其他七个人中有博士，有高尖端人才，懂核心技术，雷军是如何胜出的呢？

首先，创办小米时，雷军已经身家数十亿元了，远远超过其余所有人的身家的总和，是其他任何一个合伙人的 10 倍，甚至上百倍。在创办小米之前，雷军的名字就已经在商界如雷贯耳了。

雷军在武汉大学读大三时，就已经靠开发软件，身家上百万元了，后来加盟金山公司，担任金山公司的 CEO，还曾和陈年一起创办卓越网，在 2004 年，卖给了亚马逊，估价为 7500 万美元，还投资过凡客、YY、猎豹等知名企业，可以说实力雄厚。雷军也曾坦言，他敢创办小米，是因为他自己就能拿出 1 亿元美金。

相比其他七个人，雷军的资本实力比他们强得不是一星半点，那七个人虽然很优秀，也只能算是职业经理人。雷军不仅多金，而且有创业经验，因此，雷军做小米的创始人，实至名归。

在创办小米公司时，雷军持股 77.80%，其他自然人股东占比 22.20%。2018 年，小米向港交所提交上市申请，从招股书中可以看出"八大金刚"及其他股东的持股情况，其中雷军占股 31.41%，仍然是小米的第一大股东。

创始人占股比重最大，接下来就要考虑分配权重的问题，不同的分配比重，代表合伙人在公司的位置不同。

如果合伙人的权重在 5% 及以下，那么他的参与感几乎是没有的，如果他愿意接受，往往是因为他看好企业，或者他做的事情是他感兴趣的，是非常喜欢的。

如果合伙人的权重在 10%，说明他的资源、能力都不错，在公司里的位置比较重要。

如果合伙人的权重在 20%，而且是几个重要合伙人中权重最高的，在制定公司决策时，能起到重要作用。

如果合伙人的权重在 30%，就相当于创始人的左膀右臂了，在公司里是仅次于创始人的角色，可以说是公司的"二把手"，非常有话语权，创始人要非常认真地考虑他所提出的建议，而且创始人在制定决策的过程中，他应该是全程参与的，并会提出自己的不同观点。

一般创始人不会将权重的40%,甚至更高分给其他合伙人,这会让创始人失去对公司的控制,辛辛苦苦地白忙活,到头来给别人做了嫁衣裳。当然,也会有合伙人主动要求权重的,创始人要综合评估后,才能做出合理的判断,绝不能听之任之。

初创企业,如何设置股权结构

股权设置是出资人根据出资的比例确定,一般公司在设立之初,几个合伙人会通过商谈来确定所占股权的比例。初创企业,股权设置是一个严肃且重要的问题,如果股权设置不合理,就可能为后来的发展埋下隐患,甚至有可能出现自己种下种子,别人来摘果的情况。因此,初创企业在股权设置时,一定要注意以下问题。

(一)股权结构千万不可平均化

股权结构平均化是初创企业普遍存在的问题,平均股权会导致怎样的结果呢?乔布斯被赶出苹果的经历,或许能为我们敲醒警钟。

1976年,苹果公司成立,从1976年到1977年,乔布斯一直不是苹果公司的大股东,他和其他创始人平分股权。苹果创立之时,乔布斯和沃滋各占45%,韦恩占10%,后来马库拉加入苹果,乔布斯、沃滋、马库拉各占比26%,预留股为22%;1977年,霍尔特入股,乔布斯、沃滋、马库拉各占比30%，霍尔特占10%。

悲剧发生在1985年，马库拉联合投资人撤销了乔布斯的经营权力，将乔布斯赶出了苹果，直到1996年年底，他才第二次执掌苹果。这是因为乔布斯犯了股权设置的大忌——平分股权。平分股权会导致公司出问题时，大家互相推诿，没有人愿意承担责任和解决问题。做决策时，意见出现分歧，无法一锤定音，此外，还容易导致股权不稳，公司易主。

（二）利益结构要合理

几个人合伙创业，出资形式是多种多样的，可以是现金、实物、知识产权、劳务等。如果不是现金出资，需要进行评估，换算成现金，然后设定股权比例。股权分配要把握"利益结构要合理，贡献要正相关"的原则。

初创公司在进行股权设置时，要了解股权生命九条线，清楚股权分配67%、51%、34%、30%、20%……的差别是什么。

1.股权分配67%，意味着拥有对公司的绝对控制权，等同于100%的权力，具有合并、变更主营项目，修改公司章程，做重大决策的权力。

2.股权分配51%，称为相对控制权，绝对控制公司。

3.股权分配34%，称为安全控制权，就有一票否决的权力。

4.股权分配30%，上市公司要约收购线。

5.股权分配20%，重大同业竞争警示线。

6.股权分配10%，具有提出质询、调查、起诉、清算、解散公司的权力。

7.股权分配5%，重大股权变动警示线。

8. 股权分配3%，具有临时提案权，可提前开小会。

9. 股权分配1%，具有代位诉讼权，也称为派生诉讼权，享有间接调查和起诉权。

（三）制定好防冲突机制

有些企业，股权过于分散，形成大部分股东平均持有低额股权的格局，这会导致小股东不愿意参与公司管理，而是由职业经理人或者管理层来管理，由于股东对公司权力缺乏有效监督，很容易使企业陷入危机。另外，还有可能使小股东在股东会上互相制约，难以制定决策，公司内耗严重。

对于这样的公司，除了做好股权集中外，制定好防冲突机制是十分必要的，将各股东权利、义务，以及发生纠纷后的解决办法，都写进协议中，防止秋后算账，加剧矛盾，这也是先小人后君子的做法。

当然，股权设置过于集中，也会引起法律风险。一方面，它不利于公司小股东利益的保护，不利于公司的长期发展。另一方面，对大股东而言，也有一定的风险，由于绝对控股，股东很容易将自己的个人行为与企业行为混淆，一旦做出错误决策，将承担更多的责任。

此外，万一大股东出现状况，无法处理公司事务，小股东会争夺控制权，让公司陷入混乱，不利于公司的稳定发展。

（四）在适当的时候发放期权

期权，是指一种合约，该合约赋予持有人在某一特定日期或该日之前的任何时间以固定价格购进或售出一种资产的权利。当公司发展壮大后，要释放股权给公司的核心人员，通过转让股权获得资本支持。

何时发放期权,每个公司的情况都不太一样,有些公司在设立之初,就会留有期权池,有些公司会晚一些时候,比如苹果公司在创立之初就没有设置预留股,但在马库拉加入后,就设置了22%的预留股,1977年,又取消了预留股。

也就是说,公司不可能一次就把股权结构设置到位,就能一劳永逸,需要根据业务发展需要,进行变更,一般做一次期权激励,不宜超过10%的股份,每稀释一次股权,都要让价值得到最大化的利用。

是否按照出资比例分配股权

在过去,若公司的启动资金是200万元,出资120万元的股东,即使它不参与公司的经营,占股60%,作为公司的第一股东,都是毋庸置疑的。但在合伙人制度中,这种按照出资比例分配股权,谁出资最多,谁占有的股权就最大,可能会行不通,甚至是完全错误的股权分配方式。

(一)按出资比例分配股权

王某、李某、张某三人合伙创办了一家软件公司,出资分别为65万元、25万元、10万元,按照出资比例分配,股权占比应为65%、25%、10%。王某之前做过餐饮行业,积累了一定的财富,对软件一知半解,李某技术过硬,张某则对市场非常熟悉,擅长营销。

起初王某、李某、张某三人觉得按照出资比例分配股权很合理，但在经营过程中发现，王某对公司贡献不大，很多事情都要靠李某和张某来完成，可分红王某又拿得最多，导致李某和张某十分不悦，三人的关系变得很微妙，公司的发展也存在着隐患。

通过这个案例，我们可以发现按照出资比例分配股权，并不是十分稳妥的，很容易出现状况。这也是很多初创公司在分配股权时，最容易犯的错误，即时间错位。

创业团队成员都是按照当下的贡献，去分配未来的利益。在公司创办初期，每个人能做多大的贡献，不好做出评判，于是出资多少就成了评估的重要指标。这会导致出资最多却缺乏创业能力的人成了大股东，而有能力的人却因资金不足，成了小股东。从长远角度讲，这是不利于公司发展的。

（二）不按照出资比例分配股权

一般情况下，股东是按照出资比例来进行分配股权的，工商登记也是按照这个办法进行计算的，但这并不是唯一的。只要经合伙人一致同意或者有相关的书面协议，就可以不按照出资比例进行分配股权。

《公司法》第三十四条规定：股东按照实缴的出资比例分取红利；公司新增资本时，股东有权优先按照实缴的出资比例认缴出资。但是，全体股东约定不按照出资比例分取红利或者不按照出资比例优先认缴出资的除外。

《公司法》第四十二条规定：股东会会议由股东按照出资比例行使表决权；但是，公司章程另有规定的除外。

《公司法》第七十一条规定：经股东同意转让的股权，在同等条件下，其他股东有优先购买权。两个以上股东主张行使优先购买权的，协商确定各自的购买比例；协商不成的，按照转让时各自的出资比例行使优先购买权。

（三）动态股权分配机制

股权分配的核心思想是公平，何为公平呢？就是根据合伙人的贡献来分配股权，这里所说的贡献并不完全指金钱，还有技术、人脉资源、时间等。那么，该如何对合伙人的贡献进行量化呢？动态股权分配机制是不错的办法。

采用动态股权分配机制，先要确定创始团队，并确定团队中的核心人物担任领导，由他来组织制定动态股权分配机制，由于公司在发展的不同阶段，需要的核心领导人是不同的，可以通过贡献值来确定领导力，既可以激发团队的激情，又能确保合伙人享受到公平的待遇。

在公司成立之前，团队成员的工作量较小，设置初始股权，可以以现金投入多少来确定，鼓励大家出资，如创办公司前，团队成员工作量很大，可以按照贡献多少来分配股权。

在公司创办之后，要确定股权的里程碑，即公司在不同发展阶段，所面临的风险水平不同，股权分配就要体现劳动成果与所冒风险的比例关系。比如，在开发市场阶段，负责市场运营的合伙人所占股份就应该多一些；在技术创新阶段，负责技术开发的合伙人就应该占据更多的股份。

动态股权分配的方式主要有两种：一种是固定股权切割法，是指在未来的里程碑中切割出固定的股权；另一种是剩余比例切割法，是指在达到里程碑后分配股权的比例，最好是企业在创建之初预留股权池，为在里程碑阶段股权分配做好准备。

动态股权分配时，要将基本劳动收益和股权收益分配相结合，不同岗位的人货币分配与股权分配的比例不同，主要把握高低配置和远近配置的原则。

高低配置是指公司里的重要人物，可以采取基本劳动收益低，股权收益高的分配方案，对于普通员工，则采取基本劳动收益高，股权收益低的分配方案。

远近配置原则是指公司在创立早期，货币分配收入的差距小，待公司发展走上正轨后，股权分配收入部分差距变大。

总之，采取动态股权分配机制，有利于合伙人之间相互制约，自我优化。

股权分配的基本原则

创办企业最重要的是人合。人心齐，泰山移，只有合伙人齐心协力，才有可能将企业办成功。现在市场竞争如此激烈，企业能存活并发展往往历经九死一生，而股权分配是人合的关键。如果利益分配不合理，就会人心涣散，无法形成合力，企业成功就无从谈起。

企业在进行股权分配时,一定要坚持以下原则,让利益得到公平、公正的分配,如此才能让每个合伙人把企业当成自己的,全身心地投入,与企业共命运,同发展。

(一)把利益作为合伙的第一原则

合伙企业中,合伙人大多是亲戚朋友,创办企业就是为了追求利益,此时一定要将利益放在第一位。进行股权分配时,不要过多地考虑情感,在初创期企业未盈利时,大家可能相安无事,一旦企业做大做强,在情感基础上建立的股权分配原则,就很容易产生矛盾纠纷,到头来感情没有了,利益也没有了。

真功夫创始人潘宇海将蔡达标送进监狱就是一个典型例子。蔡达标是潘宇海的前姐夫,两家关系曾经非常好,后来因蔡达标感情不忠,与潘宇海的姐姐潘敏峰离婚,事业越做越大,潘、蔡两人开启了利益争夺大战,历时数年,直到蔡达标被判刑14年才告一段落。

还有当当创始人李国庆与俞渝的相爱相杀大戏,常常是这边唱罢,那边登场,争得不可开交,曾经的感情荡然无存,背后依然是股权之争。因此,在设置股权时,一定要把利益放在第一位,不要掺杂感情,感情用事,往后麻烦就多。

(二)确定领头人,不能群龙无首

阿里巴巴有18个创始人,马云是领头人;小米公司有"八大金刚",雷军是领头人;三一重工有"四君子",梁稳根是领头人……

在合伙企业中,必须有一个领头人,这个领头人无论是在人品、能力,乃至格局上,都能够胜任这个角色。在企业需要做重要决定时,得有人最终拍板，如果大家意见不统一，地位又是平等的，就会争来争去，很难做出决策，而且人心容易涣散，无法团结一心。

（三）合伙人的责任、权利、利益清晰

合伙人一起创业，每个人在公司中都扮演着不同的角色，有的人提供资金，有的人有场地有技术，有的人懂技术，有的人有销售渠道，每个人对公司的贡献都是不同的，难以进行等价对比。

创始人之间进行股权分配时，一定要本着"为公司创造价值"为原则，经过友好协商来确定，并明确每个合伙人需要承担的责任，享有的权利和利益，才能各司其职，让公司稳步发展。

有新东方"三驾马车"之称的俞敏洪、徐小平、王强，他们三个人无论是在性格上还是在业务上都能互补，配合得天衣无缝。在业务上，俞敏洪主要负责托福培训；徐小平主要做学生服务，协助学生办签证、申请学校；王强解决学生的口语和英语基础问题。

在性格上，俞敏洪在创业的磨炼中，练就了做领头人的本事，但原则性不强；王强原则性非常强，由于与俞敏洪的性格相反，两人经常吵架；徐小平则是俞敏洪与王强的中和者，当两人发生矛盾时，他就来充当和事佬的角色。

（四）舍得原则

企业在发展过程中，需要不断地引入优秀的人才，让他们成为合伙人，让企业始终保持活力。此时，绝对控股的大股东要舍得分股权，在坚持控股权的原则下，将自己的股权分给新加入的合伙人。

小米公司在成立时，创始人雷军所占股权比例超过了77%，但是在

2018年小米上市时,雷军的股权比例只有31%,说明在创业过程中,雷军在不断地稀释自己的股权,将其分给优秀的人,只有这样企业才能做大做强。

当然,企业还要制定出相应的股权回收原则,比如阿里巴巴有规定,年满60岁或退休时,股权会自动收回等。

(五)预留股权

创业是一个漫长的过程,企业会不断有新人加入,因此企业应该预留股权,其作用主要表现在以下方面。

1. 预留新合伙人份额

创业初期预留出股权,有利于企业吸引优秀人才加盟,为企业的发展注入新鲜血液,让企业保持活力。

2. 用作股权激励

股权激励有利于提高员工的工作积极性,培养员工主人翁意识。另外,在海外资本市场,股权激励往往是获得投资人认可的条件之一。

3. 预留融资稀释份额

企业做大做强往往要走融资这条路,每轮融资股份都会被稀释,所以,企业可以提前将这部分预留出来。

将以上三部分股份预留出来之后,合伙人再按比例分配其余的股份,预留股份放入股权池,可由创始人代持。

合伙人股权分配协议如何制定

合伙人只有两个人时,股权构成比较简单,但合伙人超过三个人时,股权构成就比较复杂,而且在企业发展过程中,会不断有新的合伙人加入,老的合伙人退出。总之,合伙人的情况会呈现一种动态发展的趋势,签订合伙人股权分配协议,可以让每个合伙人的权益得到保障,出现纠纷时,可以有据可依。

(一)合伙人股权协议内容

合伙协议是依法由全体合伙人协商一致、以书面形式订立的合伙企业的契约,它由四部分组成,分别是企业、合伙人、合伙事项执行以及合伙事项变动。

协议中会约定合伙人的股权比例、持股方式;约定获得股权的时间以及方式,比如阿里巴巴约定需要在公司干满5年,才有机会获得股权,这是成为合伙人的必备条件之一;约定合伙人退出机制,比如,阿里巴巴规定年满60岁就要退休,退休后就不再持有股份,除非是马云和蔡崇信,因为他们是永久合伙人;约定股权分配的具体事宜。

合伙人股权协议将合伙人的权责义务都白纸黑字写下来,具有约束性,也有利于合伙人团结一致,共同实现创业蓝图。

1. 企业

企业这项内容主要包括企业名称、地址等基本情况,以及经营范围、经营期限、合伙宗旨等企业发展运营规划,是合伙人为之奋斗的目标。

2. 合伙人

合伙人是合伙协议的重点内容,具体内容如下。

(1)合伙人基本资料:合伙人姓名、身份证号码、有效送达方式等。

(2)股权分配:股权分配方案多种多样,但要建立在合伙人友好协商基础之上,股权结构关乎合伙人的切身利益,也影响公司未来发展,一定要科学制定,最好请专业人士帮忙起草。

(3)出资方式与出资期限:各个合伙人以何种方式出资,出资期限是多长时间,都应写明。

(4)收益分配、亏损及债务承担:协议中要写明盈利时利润分配政策,企业亏损时如何分担,以及对外债务的承担。

3. 合伙事项执行

合伙事项执行主要包括四方面内容,如下所示。

(1)岗位分配:合伙人在企业运营过程中各承担着怎样的角色,具体岗位的说明,都应该在协议中予以明确。

(2)最终决策权问题:当合伙人意见出现分歧时,谁来做最终决定,必须有明确规定,有助于提高企业运行效率。

(3)重大事项执行程序:企业在遭遇重大事项,如融资、上市、并购、收购等做决定时,应该有一套执行程序。

（4）合伙人约束机制：对合伙人的行为要予以限制，比如保守商业秘密，需要签订竞业禁止协议等。

4.合伙事项变动

合伙事项变动的内容包括入伙与退伙、合伙财产变动、企业解散清算等。

（1）合伙人入伙、退伙，都应该有相应的程序。

（2）在协议中，要对财产份额转让方式、优先转让权给予明确规定。

（3）企业发展后期可能会遇到并购、收购或者解散清算等情况，对于这些情况要提前做好约定，以免到时候产生纠纷。

（二）合伙人股权协议模板

下面给大家提供一份合伙人股权协议书的范本，以供参考。

合伙人股权协议书

合伙人1姓名：　　性别：　　年龄：　　身份证号码：

合伙人2姓名：　　性别：　　年龄：　　身份证号码：

合伙人3姓名：　　性别：　　年龄：　　身份证号码：

1.合伙经营项目和范围：

2.合同期限：××××年××月××日起至××××年××月××日止共（　　）年

3.出资金额方式、现金：

（1）合伙人1：出资人民币（　　）元

（2）合伙人2：出资人民币（　　）元

（3）合伙人3：出资人民币（　　）元

4. 本次合伙人出资共计人民币（　　）元，合伙期间各合伙人的出资为共有财产，不得随意请求分割，如出现亏损合伙人要求撤股，撤股的合伙人须承担亏损金额的50%（可自行设定比例），方可撤股。

5. 盈余分配与债务承担：合伙人共同经营，共同劳动，共担风险，共负盈亏。

盈余分配：以百分比分配，合伙人1占比＿＿＿%，合伙人2占比＿＿＿%，合伙人3占比＿＿＿%。

6. 合伙企业的亏损及债务的承担方式

（1）合伙人投资成本全部回收以前形成合伙企业债务及亏损由各合伙人按出资比例分担。

（2）合伙人投资成本全部回收以后形成合伙企业债务及亏损由各合伙人平均分担及各自承担三分之一（以合伙人为三人为例）的债务额度。

（3）合伙企业不能清偿到期债务的合伙人承担无限连带责任，清偿数额超过本协议规定其亏损分担比例的，有权向其他合伙人追偿，各合伙人任何一方对外偿还后其余各方应当按比例在15天（自行约定时间）内向相关合伙人清偿自己应负担部分。

7. 合伙人不得从事损害本合伙企业利益的活动，合伙人不得自营或者同他人合作经营与本合伙企业相竞争的业务。

8. 合伙人有下列情形之一的，经其他合伙人一致同意可以决议将其除名：

（1）未履行出资义务；

（2）执行合伙事务时有不正当行为；

（3）因故意或者重大过失给合伙企业造成损失；

（4）损害合伙企业的行为。

9. 合伙人死亡或者被依法宣告死亡的，对该合伙人在合伙企业中的财产份额享有合法继承权的继承人，从继承开始之日起取得该合伙人企业的合伙人资格。

10. 合伙人退伙：退伙人对退伙前的企业债务承担无限连带责任，合伙人退伙时，合伙企业财产少于企业和伙债务的，退伙人应当按照实缴出资比例分配、分担。

11. 入伙

（1）新合伙人入伙必须经群体合伙人同意承认并签署本合伙协议。

（2）除入伙协议另行约定外，新合伙人与原合伙人享有同等权利，承担同等责任，新合伙人对入伙前合伙企业的债务承担连带责任。

12. 主要责任分担：所有合伙人共同承担企业的一切责任与风险。

合伙人签字：

合伙人1：

合伙人2：

合伙人3：

20××年××月××日

员工股权比例的设定

员工是公司的重要组成部分，公司要发展离不开员工的努力，员工工作主动、积极，能够促进公司向更好的方向发展。近年来，为了激发员工的活力，很多企业分配股权给员工，那么，员工股权比例该如何设定呢？

（一）企业为哪些员工分配股权

公司未上市之前，给员工分配股权，主要是为激励员工，让他们以主人翁的姿态为企业做出贡献，但并不是所有的员工都应该分配股权，其对象是对公司有突出贡献的人，如果人人分配股权，就没有了差异性，达不到激励员工的目的。

一般来说，企业会给管理岗位的经理、重要岗位员工以及董事会认可的人分配股权，主要涉及的层面包括：战略决策层，如公司董事、财务主管等，人数占比在1%~3%；经营管理层，中高层管理人员，以及部分经理以上级别的核心业务骨干，人数占比约为10%；核心技术人员，人数占比在15%。

此外，对于那些为公司做出突出贡献的员工，如销售精英，也可以适当分配股权。

（二）股权形式

企业为员工分配的股权形式多种多样，包括股票期权、股票增值权、虚拟股票、限制性股票、业绩奖金等。

1. 股票期权

股票期权指买方在交付了期权费后即取得在合约规定的到期日或到期日以后按协议价买入或卖出一定数量相关股票的权利。它属于长期激励的范畴。激励对象可以在未来以事先确定的价格购买公司一定数量的股票，获得股票增值部分的收益。

2. 股票增值权

股票增值权通常与认购权配合使用，激励对象不需要实际购买股票，就可直接获得股票增值部分的收益，此外，因未实际购买股票，可以避免风险。

3. 虚拟股票

虚拟股票是指公司授予激励对象一种虚拟的股票，激励对象可据此享受一定数量的分红权和股价升值收益，但没有所有权，没有表决权，不能转让和出售，离开企业时自动失效。获得虚拟股票的激励者在一定时期以后，可以获得与虚拟股票相对应的真实股票的全部价值，增值权以及分红收益。

4. 限制性股票

激励对象在获得限制性股票后，不能出售，会受到限制条款的约束，只有在工作年限或者达到符合规定的业绩目标时，才能获得收益。也就是说，激励对象获得的是公司可流通的股票，但这是有条件的，比如业绩条件与非业绩条件。

5. 业绩奖金

激励对象获得的是现金，通常以奖金的形式发放，前提是激励对象在指定时期完成了预定的绩效目标。

（三）分配比例以及奖励形式

一般来说，员工股权比例不会超过15%，若人数较多，核心人员占到5%，约占到激励股份的30%。另外，不同岗位的人，获得股权形式也不同，战略决策层人数少，贡献大，通常企业都会给他们期权、期股；经营管理层对企业的战略执行起到关键作用，其激励力度较大，一般会给他们限制性股票、期权期股、业绩股票；对于技术骨干，一般会给予虚拟股份、干股分红。

（四）员工持股案例

员工持股的经典案例主要有华为的虚拟股、阿里巴巴的股票期权，以及奇虎360的限制性股票。

1. 华为的虚拟股

1990年的时候，华为就开始让员工持股，持有的都是虚拟股，持有该股票的人只有收益权，不具有所有权和表决权，且所持股份只能在华为任职期间享受分红，离开公司后，就会被公司收回。

2. 阿里巴巴的股票期权

阿里巴巴在上市之前，曾授予员工的股权报酬包括三种，即受限制股份单位计划、购股权计划和股份奖励计划，其中主要的股权激励措施是受限制股份单位计划。员工获得受限制股份后，需要入职一年才能拥有行使权,而且分四年发放,每年授予25%。

3. 奇虎360的限制性股票

2006年,奇虎360上市前五年,开始实行雇员购股计划,主要对象是员工、董事以及顾问,总人数约为1000名。其中员工购股价格为每股2.8美元,董事购买价格为每股5.2美元,股份不得抵押、转让,需要分四次兑现,每一年允许出售所持股份的四分之一,四年后才可以全部套现。

企业让员工持股,是对员工的一种激励,但前提是企业处于上升期,或者企业处于稳定发展时期,需要进一步扩张,企业需要留住人才和调动员工积极性,此时股权才有价值,如企业发展不顺畅,面临倒闭,给员工持股,他们是不会买账的。

股权与分红权的分离

甲、乙、丙三人合伙创办了一家科技公司,近年来公司发展得如火如荼,为了奖励企业的技术骨干,甲提出给这些技术骨干分红权,以激励他们的工作热情,但遭到乙和丙的反对,理由是股权与分红权不能分离,真的是这样吗?

(一)股权与分红权的区别

股权与分红权虽然都能让拥有者获利,但两者有着本质上的不同。

股权，是有限责任公司或者股份有限公司的股东对公司享有的人身和财产权益的一种综合性权利。即股权是股东基于其股东资格而享有的，从公司获得经济利益，并参与公司经营管理的权利。

从以上定义中，我们可以得知股东享有两项权利：一是股权财产权，二是股权人身权。

股东拥有公司的股份，自然享有股权财产权，它是股东基于自己的出资而享有分红的权利。比如，享有股息红利的权利，不同于其他股东转让出资额时的优先受让权，以及公司解散时分配财产的权利。由此可见，分红权只是股权的一部分。

股权人身权是指股东有参与公司经营管理的权利，比如查阅会计表账册权、请求召开股东会、表决权等。

根据《公司法》的规定："公司股东作为出资者按投入公司的资本额享有所有者的资产权益。"这里所提到的"资产收益的权利"就是股东的分红权，股东可以将分红权转让或者赠与其他人，比如可以作为奖励，转让或者赠与公司里的技术骨干，但是受赠人仅是该产权的受益人，不具有该产权的其他权利。

根据《公司法》的规定，分红权的实现是有条件的。《公司法》第三十四条规定：股东按照实缴的出资比例分取红利；公司新增资本时，股东有权优先按照实缴的出资比例认缴出资。但是，全体股东约定不按照出资比例分取红利或者不按照出资比例优先认缴出资的除外。

《公司法》第一百六十六条规定：公司分配当年税后利润时，应当提取利润的百分之十列入公司法定公积金。公司法定公积金累计额为公司注册资本的百分之五十以上的，可以不再提取。

公司的法定公积金不足以弥补以前年度亏损的，在依照前款规定提取法定公积金之前，应当先用当年利润弥补亏损。

公司从税后利润中提取法定公积金后，经股东会或者股东大会决议，还可以从税后利润中提取任意公积金。

公司弥补亏损和提取公积金后所余税后利润，有限责任公司依照《公司法》第三十四条的规定分配；股份有限公司按照股东持有的股份比例分配，但股份有限公司章程规定不按持股比例分配的除外。

股东会、股东大会或者董事会违反前款规定，在公司弥补亏损和提取法定公积金之前向股东分配利润的，股东必须将违反规定分配的利润退还公司。

公司持有的本公司股份不得分配利润。

（二）分红权与股权哪个更值得拥有

通过前部分我们对分红权与股权的对比，就可以得知股权更具价值，更值得拥有，为了更好地理解，我们可以通过一个案例来进一步了解分红权与股权的区别。

戴志康的天使启动资金无法与那些大佬们相提并论，只有100万元。他将100万元均分成两份，50万元一份，共投资了两个项目，一个是博雅互动，一个是壳木软件。2013年是戴志康的丰收年，这一年博雅互动成功上市，戴志康获得了近1000倍的账面回报。壳木软件被A股上市公司神州泰岳收购，戴志康早期投入的50万元变成了4500万元！

以上这个例子讲的就是拥有股权所获得的丰厚回报。当然，投资企业股权，一定要在企业初创期，因为此时市值不高，股权价格便宜；如购买知名企业股权，就要花费很高的价格了，且升值空间有限，回报率不会太高。不过，在企业初创期投资企业股权，需要你有一双慧眼，因为一旦企业倒闭，你的投资就打了水漂。

合伙人股权激励方案

赵某是某连锁酒店的董事长，近年来生意可谓芝麻开花节节高，赵某是个很有情怀的老板，公司成功上市后，他拿出自己的股权分给了100余人，用以激励大家，可令他意外的是，分完了股权没有一点效果，这是为什么呢？赵某的股权激励做错了两点。

第一，不能将企业内部不同的合伙人，放在一个层级上一概而论。有不少企业内部可能有几十个甚至几百个合伙人，他们之间是有层级的。有的人不管怎样激励他，他都不会像老板一样努力工作，把公司当成自己的生命一样爱惜。

因为每个人的追求和选择都不一样，有些人没有远大的理想和抱负，就像有的人觉得住一个一居室就已经很好了，干吗要辛苦赚钱买别墅呢？有的人的梦想却是在海边买一栋别墅，早晨醒来，打开窗户，就能吹到海风。

显然，如果我们把这两种人放在一个层级上，用同样的方式激励他们，肯定是不妥的，对于住一居室就很满足的人来说，你怎么激励他，效果都不会很好，因为他的需求很低，胸无大志，你不可能让燕雀有鸿鹄之志的。

第二，合伙人股权激励是基于未来增量的分配，而非历史存量的分配。存量是指某一指定的时点上，过去生产与积累起来的产品、货物、储备、资产负债的结存数量。增量亦称改变量，指的是在一段时间内，自变量取不同的值所对应的函数值之差。

通俗地理解就是，存量是分我们已有的东西，增量则是我们需要努力奋斗才能获得的东西，显然后者更有挑战性，更能激发人们的斗志，前者得到得容易一些，就没有动力了。

怎么才能制订出科学的合伙人股权激励方案呢？我们需要注意三大事项。

第一，精选激励对象。股权激励体现了公司对人才的重视，希望那些被激励的对象能够为公司的发展创造出更大的价值。

第二，激励股权要分期授予，不能一次到位，每期向激励对象授予一定比例的股权。

第三，激励股权要有附加条件，需要激励对象每年完成规定的考核指标，对于完不成目标或者有严重失职的情况，要有相应的处理措施。

我们不妨看看美的集团是如何做合伙人股权激励的。2013年9月，美的集团成功上市，自上市至今实施了多种形式的激励措施，比如，针对部门负责人等管理人员实行的限制性股票激励计划，针对总裁副总裁等核心团队实行的事业合伙人持股计划，以及针对骨干员工实行的股票期权激励计划。

（一）限制性股票

2017年3月，美的集团首次推出限制性股票激励计划，激励对象为中层管理人员，以发行新股的方式将股票给到员工，员工需要自筹资金。这种激励方案相比合伙人计划，激励力度更强，因为激励对象是以市场价格的一半购买到了股票。相比于期权计划，因需要员工自己出资，使得激励对象与企业的关系更紧密。

美的集团在进行股票激励计划时，有严格的考核指标，并分为三个层次：被激励对象前一年度的个人考核必须达标，否则不得解锁，公司会回购注销；所在单位考核必须达标，才能全部解锁，假如所在单位考核为一般，只能解锁65%，剩余的部分由公司回购注销；所在公司净利润不低于前三个会计年度的平均水平。

除了有严格的考核指标外，美的集团还对特殊情况做出了规定，不在特殊情况之列的，董事会会根据具体情况进行处理。

（二）合伙人持股计划

合伙人持股计划被激励的对象是高管层级的人员，以2017年3月推出的第三期合伙人持股计划为例，该计划明确了激励对象为对公司整体业绩和中长期发展起到重要作用的核心关键管理人员，包括公司总裁、副总裁（共计5人），公司下属事业部及经营单位的总经理和对公司经营与业绩有重要影响的核心责任人（共计10人）。

资金来源为公司计提的持股计划专项基金，共9900万元。激励对象要想获得该项激励股权，需要满足的条件是：2017年度加权平均净资产收益率不低于20%，业绩达标后，由相关单位进行考核，最终确定其对应的标的股票额度。股票分三期归属至合伙人，每期间隔12个月，每期归属的具体额度比例需要进行考核后确定。

除此之外，该项股权激励计划还对职务变动的处理做出了明确规定。

（三）股票期权激励

股票期权激励是针对核心骨干设计的，以 2017 年 3 月推出的第四期为例，激励对象为总部及各事业部的研发、制造、品质等科技人员及相关中高层管理人员，人数众多，多达 1400 余名。通过激励对象定向发行股票作为股票来源，需要员工自筹资金。

这次股权激励计划的考核指标分为三个层次：个人业绩考核得分在 B 级及以上；所在经营单位层面业绩考核为达标，则可全额行权；所在公司扣除非经常性损益后的净利润不低于前三个会计年度的平均水平。

此外，公司对特殊情况的处理进行了相关规定。不在特殊情况之列的，董事会会根据具体情况进行处理。

股权架构的设计模式

一些企业创始人对股权架构设计存在着误解，他们认为股权架构设计的目的就是解决分割股权比例的问题。其实不然，股权构架设计关于企业的生存、发展，确保创业团队对公司的控制权，有利于企业顺利走向资本市场等。常见的股权架构类型主要有以下三种。

（一）一元股权架构

一元股权架构是直接按照各个合伙人出资分割股、分享股权决策和分红权，是较为传统且最简单的股权架构类型。

一元股权架构看似解决了股权分配的问题，但因股东之间的股权比例是按照出资情况来确定的，谁出资多谁就具有话语权，就能行使更大的权力，这样一来，初创企业的创始人对企业的控制权就显得不够自主和灵活，有可能出现企业控制权被夺走的情况，比如有人追加投资，成为企业中出资最多的，就成了企业的最大股东。

在一元股权结构下，我们要注意股权比例的三条线，分别是33.4%、50.1%、66.7%，这代表着三种表决权的临界点。我国《公司法》关于股东决议有相关的规定。

《公司法》第四十三条规定：股东会会议由股东按照出资比例行使表决权；但是，公司章程另有规定的除外。

《公司法》第四十四条规定：股东会的议事方式和表决程序，除本法有规定的外，由公司章程规定。

股东会会议做出修改公司章程、增加或者减少注册资本的决议，以及公司合并、分立、解散或者变更公司形式的决议，必须经代表三分之二以上表决权的股东通过。

由此可见，33.4%、50.1%和66.7%，这三个临界点的股权比例非常重要，以33.4%股权比例为例，它可以否决特别决议。

（二）二元股权架构

二元股权架构是一种通过分离现金流和控制权而对公司实行有效控制的有效手段，比一元股权架构更灵活，通常有四种模式。

1.通过董事会实现对公司的控制权

阿里巴巴就是这种模式的典型代表。阿里巴巴通过合伙人制度来控制董事会提名权，从而实现对公司的控制。在阿里巴巴，董事人选的提名权通过"合伙人"获得，而非按照股东持有的股份比例来获得，而这些"合伙人"都是公司指定的，从而实现对阿里巴巴的实际控制，而不被大股东雅虎和软银控制。

2.运用有限合伙企业作为杠杆集中小股东表决权

该模式的代表为蚂蚁金服。蚂蚁金服的控股股东有两个：杭州君瀚股权投资合伙企业（以下简称君瀚公司）和杭州君澳股权投资合伙企业（以下简称君澳公司），这是两个有限合伙企业，共计持有蚂蚁金服50.52%的股份。

杭州云铂投资咨询有限公司（以下简称云铂公司）是以上两家企业的执行事务合伙人，对外可代表合伙企业，云铂公司是一家有限责任公司，根据该公司章程，股东会是该公司最高权力机构。

君瀚公司和君澳公司就持有蚂蚁集团股份行使表决权，向蚂蚁集团提名董事、监事等股东提案权的行使，以及增持或减持其持有的蚂蚁集团股份，均应由云铂公司股东会审议，并须经过有表决权的股东所持表决权的三分之二以上批准，且根据相关章程，云铂公司股东会相关决议事项上，胡晓明、井贤栋及蒋芳为马云的一致行动人，由此实现了云铂公司对蚂蚁金服的控制。

3.在境外，直接发行两类股权，实行同股不同权

Facebook就属于这种模式，Facebook在IPO时的招股书中，将股权分为A、B股，扎克伯格通过大量持有具有高表决权的B类股，实现对公

司的实际控制。

4.通过股东之间的协议安排实现

如一致行动协议、投票全委托协议等。

这种模式多见于上市公司。2009年，网宿科技首次公开募股时，有关文件显示，陈宝珍、刘成彦通过一致行动关系，对发行人拥有控制权。

（三）多元股权架构

多元股权架构是以二元股权架构为基础，将股东分为创始人、合伙人、投资人、资源股东、员工等多种类型，对他们的权力进行合理安排，从而维护创始人对企业的控制权，增强合伙人团队的凝聚力，让员工分享公司成果，吸引投资者进入等。

这种股权架构充分考虑了企业各类主体的利益，有利于公司的快速发展，而不是将个别股东利益最大化，有利于公司的管理。

值得一提的是，不管选择哪种股权架构方式，都不是一成不变的，需要在发展中不断完善。

股权架构的常见隐患

企业在创立初期，几个合伙人往往能够共苦，一旦企业越做越大，盈利能力越来越强，合伙人很容易在利益分配、公司发展方向等问题上产生纠纷，如果股权架构存在隐患，此时危机就会一触即发。

在进行股权架构时，平均分配式架构很容易出现问题，关于这个问题，在前面的章节中已经讲过，在此不再赘述。除此之外，以下几种股权构架的隐患也非常大，值得警惕。

（一）一股独大式架构

甲、乙两人合伙创办一家公司，公司的股权架构为：甲占97%，乙占3%。这就属于一股独大式架构，大股东的持股比例远高于绝对控股比例，完全掌控公司的管理权与决策权。这有利于大股东发挥个人优势，但同时也会有很多隐患。

如果大股东能力不行，且不愿意听取他人意见，经常一言堂，一旦做出错误决策，将给企业带来严重的危害。对于小股东而言，完全没有一起参与公司经营的热情，更像被雇用的角色。

这种架构与独资企业没有太大的区别，现代是合伙人时代，凭借一个人的实力很难将公司经营好，公司的未来堪忧。要解决这种股权架构的方法就是在合适的时候，吸引合伙人入伙，给他们分配股权，或者采取股权激励的方式，将股权分配给核心骨干和公司高管，实现对股权构架的优化。

（二）4××式架构

4××式架构，一般是指第一大股东持股比例低于50%，公司没有控股股东。如果其他股东团结起来，大股东就会遭到挤对，使大股东丧失了决策权和管理权，为公司日后的发展埋下隐患，雷士照明创始人吴长江差点被"赶"出公司就是最好的例子。

1998年，吴长江与同学杜刚、胡永宏共同创办了雷士照明，三人的出资情况是：吴长江45万元，杜刚和胡永宏各27.5万元。从股权结构上来看，吴长江是第一大股东，占比45%，杜刚和胡永宏是小股东。之所以这样分配股权，吴长江解释说，防止自己一意孤行，一旦自己一意孤行，他的两个同学就可以制约他。

创业初期，三人优势互补，配合十分默契，吴长江主管工厂管理，胡永宏负责市场营销，杜刚承担调配资金的任务，很快雷士照明就发展壮大了，2005年年销售额超过了7亿元。

此时，三人的分歧也渐渐凸显出来，三人对钱如何使用意见不一，吴长江希望进一步投入，将企业做大，另外两人则希望赚了钱就分红，不要再加大投资。2005年，吴长江对雷士进行渠道改革，杜刚和胡永宏坚决反对，三人的矛盾彻底被激化，上升到分家的地步。

在董事会上，杜刚和胡永宏反对吴长江的做法，将企业作价2.4亿元，给吴长江8000万元，让他走人。之后，全国各地的经销商赶到雷士公司，通过投票表决，全票通过将吴长江"保住"了，另外两个股东拿钱走人。

吃过4××式架构亏的吴长江曾对企业家们意味深长地说过："创业是企业家的责任，是英雄，就必须集权，必须控制。"

（三）51/49式架构

大股东持股51%在企业中比较常见，但这种股权架构存在着一定的隐患。众所周知，51%是相对控股权，并非绝对控股，持有51%的股权，对于一般事项可以无条件通过表决，但是当遇到重大事项就比较麻烦了，比如修改公司章程、变更注册资本、分立、解散等，必须经代表三分之二以上表决权通过，才能生效。当然，公司章程另外约定的除外。

对于这种情况，持股51%的大股东该如何保护自己的权益呢？这就需要我们设计好公司章程条款，具体可以从以下几个方面考虑。

1. 如果持有 51% 股权者不参与公司经营，应担任公司的董事长或者执行董事职务，当然，如果该持股人已经担任法定代表，并且掌握着公司的印章，就不需要担任董事长或者执行董事的职务了。

2. 如果持有 51% 股权者参与公司经营，公司章程中的条款不应对其权力过于限制，要给予大股东充分的决策权，如果公司章程对其权力进行限制，就很难快速地做出决策，应对市场变化。

公司章程的设计是非常严密的事情，对于一知半解的创业者来说，很难做到滴水不漏，为今后的工作埋下隐患，最好的办法就是找对公司法、人力资源管理十分熟悉的专业律师，请他们拟定公司章程，做到万无一失。

第六章
合伙人团队建设

高效合伙团队的人员组成

在《中国合伙人》这部电影中,三个主角成东青、孟晓俊、王阳三个人各具特色,组成了一支优势互补的高效合伙团队。

成东青身上有坚强、担当、隐忍的品质,善于把握企业的节奏和火候,是当之无愧的领头人,充当着企业创始人的角色。

孟晓俊讲原则,执行能力强,有格局,有足够的爆发力,是公司 CEO 的最佳人选,善于领会公司的战略意图,是能够带领团队的将才。

王阳属于技术型人才,同时担当着企业中和事佬的角色,当成东青和孟晓俊发生矛盾时,王阳总会从中调和,不至于让团队解散。

在一个高效合伙团队中,每个成员的角色都不同,又是组织中不可缺少的元素。在创业初期,受资金、管理能力等的限制,最好打造一支少而精的高效合伙团队,在这支团队中不可缺少的成员包括哪些呢?

(一)有想法的创始人

创始人头脑灵活,有想法,善于抓住市场上潜在的机会,能发现市场上利润空间在哪里,总能捕捉到别人发现不了的商机。

马云创办阿里巴巴,你知道他的灵感来源于哪里吗?1997 年,他在报纸上看到了一则关于马来西亚建立多媒体超级走廊计划（MSC）的信息，多媒体超级走廊是世界上第一个集中发展多媒体信息科技的计划。

当时，马云已经创办了中国第一家互联网公司——中国黄页，但他很迷茫，不知道该做什么，只想着如何能像互联网一样，为中小企业赋能，多媒体超级走廊计划给了他极大的启发。

还有雷军为什么会创办小米，他解释说自己的灵感来自互联网公司的刺激和"倒逼"。1988年，雷军创办了第一家公司金山软件，国内几家杀毒软件公司如瑞星、江民、金山等，常常打价格战、口水战、官司战，在国际市场还会受到微软及诺顿的打压，用雷军的话说就是"前有微软，后有盗版，微软之下，寸草不生"，金山的日子不太好过。

后来，奇虎360提出杀毒免费，让国产软件再也没有了竞争力，这迫使雷军必须转变思路。奇虎360CEO周鸿祎给雷军很好地上了一课。周鸿祎充分利用互联网来塑造产品口碑，他邀请博客作者出席小型沙龙，为他们传播免费和互联网思维，为奇虎360成功塑造口碑。

雷军从周鸿祎的成功中，学到了精髓，他在创办小米时，就是靠100个米粉起步的口碑营销，不得不说雷军是一个有心人，是一个非常有想法、有创新能力的人。

（二）强有力的执行者

创始人发现机会，但不等于有了机会就能将其变成产品，如何把想法变成客户需要的产品呢？这就需要强有力的执行者来负责这件事，能够迅速做出反应，并付诸执行。

雷军在创办小米时，遇到的最大障碍就是人才的匮乏，当时他和林斌等几个最早的合伙人都来自互联网行业,而要做手机必须有硬件工程师,他们是将产品落地的关键,后来,雷军找到了黄江吉、周光平、洪峰、刘德,才让小米手机问世。

(三)会讲故事的运营者

同样是手机,为什么苹果可以卖那么贵,消费者却依然十分买账,而便宜的手机却无人问津呢?关键在于运营,企业中一定要有一个会讲故事的运营者,提升产品的价值。

细心观察,你会发现那些声名远播的产品都有一个经久不衰的故事,比如海尔砸冰箱的故事、可口可乐超过一个世纪都未破解的神秘配方的故事,路易威登的箱包从海底打捞上来,还完好无损的故事。

SK-II"神仙水"中日本酵母成分被发现的故事,更是富有传奇色彩。日本清酒厂的婆婆长期接触酵母,使得手比脸更光滑细腻,指如削葱根。就是这么一个故事让"神仙水"变得昂贵,成为奢侈护肤品。

还有褚橙。褚橙创始人褚时健有过一段曲折的人生,他曾因经济问题被判处无期徒刑,保外就医后,他和妻子开始承包荒山种植橙子,给褚橙打上了励志的标签。

(四)销售精英

产品做出来了,产品很优秀,该讲的故事也讲完了,品牌价值建立起来了,剩下来的事情就是如何让消费者掏腰包购买了,这就依靠销售精英们了。通过他们的营销策略将产品销售出去,变成企业持续发生的资本。否则,之前的努力都毫无意义。

以上四种类型的人在一个合伙人团队中缺一不可,缺少了一种类型的人，企业的链条就会断掉，无法确保企业高效运行。当然，在企业发展过程中，我们要不断地总结、改善、提升，让每个角色都变得越来越强。

建立合伙人议事规则

合伙人团队要提高工作效率，配合默契，就必须加强沟通，这种沟通不同于平时的聊天，要规范正式，除了日常沟通外，还应定期举行会议，以保证决策过程的严谨性。解决合伙人意见不一致的问题，这就需要建立合伙人议事规则。

（一）我国法律对合伙组织议事规则的规定

建立合伙人议事规则之前，我们首先要知道我国法律对合伙组织议事规则有哪些规定，建立的合伙人议事规则必须符合我国的法律规定，否则难以得到法律的保护。

我国《合伙企业法》第三十条规定："合伙人对合伙企业有关事项作出决议，按照合伙协议约定的表决办法办理。合伙协议未约定或者约定不明确的，实行合伙人一人一票并经全体合伙人过半数通过的表决办法。本法对合伙企业的表决办法另有规定的，从其规定。"

《合伙企业法》第三十一条规定："除合伙协议另有约定外，合伙企业的下列事项应当经全体合伙人一致同意：

1. 改变合伙企业的名称；

2. 改变合伙企业的经营范围、主要经营场所的地点；

3. 处分合伙企业的不动产；

4. 转让或者处分合伙企业的知识产权和其他财产权利；

5. 以合伙企业名义为他人提供担保；

6. 聘任合伙人以外的人担任合伙企业的经营管理人员。"

《合伙企业法》第三十二条第二款规定："除合伙协议另有约定或者经全体合伙人一致同意外，合伙人不得同本合伙企业进行交易。"

《合伙企业法》第三十三条第二款规定："合伙协议不得约定将全部利润分配给部分合伙人或者由部分合伙人承担全部亏损。"

《合伙企业法》第八十二条规定："除合伙协议另有约定外，普通合伙人转变为有限合伙人，或者有限合伙人转变为普通合伙人，应当经全体合伙人一致同意。"

（二）议事规则需要注意的内容

合伙人议事规则有三大特点，一是约束性，提前制定好规则，对事不对人，有据可依；二是工具性，将议事规则作为沟通的一种方式、一种工具；三是价值性，通过平等的沟通、辩论，形成有效果的行动。建立合伙人议事规则时，需要注意三方面内容。

1. 建立合伙人议事规则，是为了保障重大决策事项能够顺利实施，通常公司会保留创始合伙人召集合伙人的权力。

2. 提议、会议召开前，提议者应提前在一定范围内公示提案，只涉及部分合伙人的内容，需要经过相关人员的认可。

3. 需要表决通过的事项，应明确参会人员比例、同意人员比例以及书面留档。

（三）罗伯特议事规则的 12 条基本原则

企业在建立合伙人议事规则时，可以参考罗伯特议事规则的 12 条基本原则。目前，在联合国大会、各国国会的议事程序、上市公司、合伙人公司，甚至学校举行的班会中，都会以《罗伯特议事规则》为依据。

《罗伯特议事规则》是一本书，内容非常多，后来人们把该书的精义提炼出来，称为 12 条原则。

1. 动议中心原则：动议是开会议事的基本单元。会议讨论的内容应是一系列明确的动议，必须是具体、明确、可操作的行动建议。先动议后讨论，无动议不讨论。

2. 主持中立原则：会议"主持人"的基本职责是遵照规则来裁判并执行程序，尽可能不发表自己的意见，也不能对别人的发言表示倾向。

3. 机会均等原则：任何人发言前须示意主持人，得到其允许后方可发言。先举手者优先，但尚未对当前动议发过言者，优先于已发过言者。主持人应尽量让意见相反的双方轮流得到发言机会，以保持平衡。

4. 立场明确原则：发言人应首先表明对当前待决动议的立场是赞成还是反对，然后说明理由。

5. 发言完整原则：不能打断别人的发言。

6. 面对主持原则：发言要面对主持人，参会者之间不得直接辩论。

7. 限时限次原则：每人每次发言的时间有限制。

8. 一时一件原则：发言不得偏离当前待决的问题。只有在一个动议处理完毕后,才能引入或讨论另外一个动议(主持人对跑题行为应予制止)。

9. 遵守裁判原则:主持人应制止违反议事规则的行为,这类行为者应立即接受主持人的裁判。

10. 文明表达原则:不得进行人身攻击、不得质疑他人动机、习惯或偏好,辩论应就事论事,以当前待决问题为限。

11. 充分辩论原则:表决须在讨论充分展开之后方可进行。

12. 多数裁决原则:平局即没通过,弃权者不计入有效票。

描绘清晰的团队愿景

愿景是希望看到的情景,中外很多著名的企业,都有清晰的企业愿景。

微软中国的愿景:通过优秀的软件赋予人们在任何时间、任何地点、通过任何设备进行沟通和创造的能力。

中兴通讯的愿景:重视员工回报,确保员工的个人发展和收益与公司发展同步增长;为股东实现最佳回报,积极回馈社会。

西门子的愿景:让我们的消费者将家里的电器全部换成西门子的品牌,逐步地把我们现有的产品全部推向世界各地。

麦当劳的愿景:成为一本有限的菜谱,质量一致的美味快餐食品,快速到位的服务，超值定价，卓越的顾客关怀，便利的定位和选址，全球的市场覆盖。

企业愿景表明的是企业未来希望所处的位置，希望变成什么样子，对企业及其全体人员都是一个鼓舞和激励。同样，合伙人创建团建，也要描绘出一个清晰的团队愿景，马云曾经说过："任何一个组织，首先要问你的使命是什么，你的愿景是什么，你的共同价值观是什么，你要得到的结果是什么。只有这样才能建立一个了不起的组织。"

（一）为什么要建立清晰的团队愿景

建立清晰的团队愿景一是因为我们团队中的成员每个人的背景、年龄、经历、信仰、思维方式等都不同，要想他们团结起来，朝着一个目标去努力，就必须通过愿景形成团队的凝聚力。一个清晰的愿景能够让团队成员不知不觉地将团队愿景和自己的价值结合起来，成为促进团队和个人成长的驱动力。

二是因为愿景是团队奋斗的目标，它是对企业使命、核心价值观、未来目标的高度概括，它犹如茫茫大海中的灯塔，能够团结团队，激励每个团队成员，能够在遇到困难时，坚定团队信念，给团队希望与鼓舞。

（二）团队愿景包含的三方面内容

一个成功的团队愿景应包括三个方面，首先，他应该与团队领导人的信仰有关，沃尔玛的创始人山姆·沃尔顿倡导三大信仰，即尊重个人、服务客户、追求卓越，因此沃尔玛的愿景是"让老百姓有机会和富人购买一样的东西"。

其次，愿景内容要有战略意图的体现，比如西门子的愿景中就植入了战略意图——逐步地把我们现有的产品全部推向世界各地。

最后，愿景内容要有清晰的产业定位，比如麦当劳的愿景中的"成为一本有限的菜谱，质量一致的美味快餐食品"。

（三）团队愿景制定前的准备工作

在创立团队愿景之前，我们必须要明白愿景不是个人意愿，是每个人都要参与其中，并且得到所有人的支持。此外，我们还要对团队的未来和现状有一个清楚的认知。

1. 描述未来的场景

团队未来希望能处于什么样的位置，比如给团队确立一个10年的目标，10年后团队会是什么样子的，有哪些方面是值得我们引以为豪的？

2. 考虑团队的现状

比如，促进团队发展的关键力量是什么？我们现在的战略和经营状况如何？哪些是团队的短板等。

3. 共建愿景的意义

让团队成员讨论团队愿景的意义是什么，对个人有怎样的影响，是否愿意参与共建愿景活动，是否会为共同的目标贡献自己的力量，你会怎样做等。

（四）团队愿景制定步骤

第一步，清楚愿景的基本要求，即清晰、持久、独特。比如，淘宝网的愿景是让天下没有难做的生意，天猫的愿景是构建电商生态系统。

第二步，团队进行头脑风暴，提炼出愿景的关键词。愿景不是长篇大论，需要简洁明了，且十分准确地表达企业未来发展的目标，因此需要集团队的智慧，注意在这个环节大家不要交流，每个人都先写下来，尽可能地多写一些。

第三步，进行两两讨论，即一个人先分享自己写下来的愿景，让对方聆听，提出自己的看法，然后互换角色，进一步调整完善愿景内容。

第四步，通过以上两两讨论之后，团队成员把最终的想法描述出来，形成团队愿景。

第五步，发布团队愿景，如需要深度描述，可以进一步说明。

创建完团队愿景只是迈出了一小步，如何施行并执行到位，才是关键，才能真正地让团队愿景发挥出它的作用和价值，因此团队还要制订出实施方案和具体的行动计划，包括宣传、培训，以及制定配套的管理制度，让团队愿景深入人心，凝聚团队力量。

以人为本，打造事业共同体

成功的企业都有一个共同的特点，那就是最大限度地尊重人，关心人，理解人，通过人性化的管理调动员工的主动性、积极性，总之处处体现着"以人为本"的管理经营理念。

德国的 SAP 公司是全球第三大独立软件供应商，这家公司坚持"以人为本"的管理理念。这家公司的福利待遇非常好，每年该公司在人力资源上投入的费用就占到了总营业额的 36%，其工作待遇也高于同行。

员工在这里可以享受到免费的饮料、用餐、桑拿、运动设施等。如果每年出差时间较多，路程达 1 万公里以上，可申请一辆中档车，若买房的话，可向公司申请长期无息贷款。如果表现足够优秀，还能持有公司股份。

从员工享受的福利待遇上来说，德国的 SAP 公司确实做得很不错，但在合伙人时代，仅给员工提供好的福利待遇并不能把"以为人本"体现得淋漓尽致，打造事业共同体才是"以人为本"的最高境界，联想控股股份有限公司（以下简称联想控股）才是真正的"以为人本"的企业代表。

"以人为本"始终是联想控股的核心价值观之一，早在 1993 年，公司就实施了干股分红激励方案，每年联想集团的管理层和员工可以拿到利润中的 35%；2001 年，公司进行改制，员工通过购买获得 35% 的股权；2016 年，联想控股实施了"中长期股权激励"计划，联想投资总裁朱立南说过，"如果你不能创造价值，你就不能成为价值分享者的一员，这个方案本身实际上是双向承诺的一个重要体现"。可见，该计划的核心目的是促进员工与企业成为事业共同体，促进公司长远发展。

如今，越来越多的企业实施事业合伙人制度，在知识经济时代，该制度能够激发知识资本的创造力，通过风险共担、价值共创、利益共享形成事业共同体、利益共同体和事业共同体，实现个人收益与企业业绩的共同增长。

创业团队要实行事业合伙人制度，必须满足四条标准。

（一）拥有共同的理念

不少企业喜欢挖墙脚，去别的公司挖人才来做合伙人，这并不是很好，因为没有感情基础，没有感情基础就很难有共同的理念，只有曾经一起生活、学习、打拼过，才能使理念逐步趋于达成共识。

比如，有的企业会统一建房，引进相关配套设施，让高管人员和家属共同生活居住，这样一来，这些高管人员不仅在工作上有交集，在生活中也有联系，生活在同一个社区，子女在同一所学校上学等，从而形成一种"家文化"，认同度也得到了提高。

因此，合伙人不是一进入公司就有这个身份的，阿里巴巴就规定要想成为企业合伙人，必须在阿里巴巴工作五年，其目的就是形成共同的理念。

（二）共同创造价值

在事业合伙人制度下，团队创造的所有价值都是大家共同努力的结果，任何一个人都不能不劳而获，坐享其成，值得注意的是，有些人不能一直创造价值，比如有的人在创业初期，为企业注入了大量的资本，功不可没，但是当企业发展步入正轨后，他就无法创造价值了，此时该怎么办呢？

引入"淘汰机制"，这种淘汰机制应该在团队组建之中就写在合伙人协议之中，明确合伙人的退出机制，不能让一些人不创造价值，却能分享劳动成果。

（三）共同承担风险

合伙人的第一要义就是共同承担风险，然而现实情况却是有些人在企业盈利时，愿意追随，一旦企业遇到困难就会散伙，能共享福，却不能共吃苦的例子有很多。有多少人能像蔡崇信一样，放弃70万美金的年薪，拿每个月500块，去和一个几乎一无所有的马云共同创业呢？

创业充满了太多的不确定性和风险，若不能共同承担风险，企业很难走向成功，团队迟早散伙。因此，团队一定要找一个对未来目标坚定不移，并愿意为之努力奋斗的人。

（四）共同分享收益

共同创造价值，共同承担风险，自然要共同分享收益，值得一提的是，事业合伙人要后于股东进行分享，因为当今企业最缺少的是技术、管理等核心人才，资本并不是最稀缺的资源。

也就是说，企业已经不再以股东为主体了，组织的核心已经由过去的股东转变成了事业合伙人了，他们理所应当成为收益分享的主要对象，利益分享应该倾向他们。

形成有凝聚力的团队文化

团队管理的难点之一就是团队没有凝聚力，团队如一盘散沙，分配工作任务时，大家口头上说好好好，真正干起来的时候，总是推三阻四，困难一大堆，方法却没有人愿意去想，导致执行力差。下面我们来了解一下达巴瓦拉的团队，看它是如何通过凝聚力创造奇迹的。

在印度孟买有一个叫达巴瓦拉的团队，已经有130多年的历史了，被称为盒饭界的奇迹。在印度，受宗教的约束，印度人在外打工，是不愿意在街上买饭用餐的，可从家里带盒饭，现实情况又不允许，因为孟买人出行的主要交通工具是火车，火车非常拥挤，根本不可能带盒饭。

于是，达巴瓦拉的团队就应运而生了，他们主要负责给那些在外工作的人们送盒饭，路线是从家里到工作单位，大约上午10点钟，家里人做好盒饭，交给达巴瓦拉的人，然后他们会把盒饭交到在孟买市中心上班的人手中，吃完饭后，饭盒再原路返回，送回家中。

需要特别交代一点，达巴瓦拉的团队没有使用信息化、数字化手段，完全依靠人工，凭借在饭盒上做标记来准确配送盒饭，准确率却非常高，1600万个盒饭只丢了一个，堪称奇迹。那么，他们是如何创造这个伟大奇迹的呢？这就要从配送流程说起，配送过程由五个角色来完成。

甲的工作是收集，每天收集一个区域的所有人家里的盒饭，然后将其带到区域火车站。

乙的工作是分拣，将送到火车站的盒饭，根据盒饭的不同到达站点进行分拣。

丙的工作是运输，负责将盒饭运到火车上，配送到不同的站点。

丁的工作是分拣，负责将盒饭进一步细分到不同的区域。

戊的工作是配送，负责把盒饭配送到工人的手中。

下午等人们吃过盒饭，再执行相反的流程，把饭盒送回到家中。

很显然，达巴瓦拉是一个非常高效的团队，而这种高效与团队的凝聚力是密不可分的，如果团队没有凝聚力，犹如散沙，在诸多繁杂的细节中，很容易出错，一个环节出错，就会导致配送失败。

团队凝聚力是指团队对成员的吸引力，成员对团队的向心力，以及团队成员之间的相互吸引，团队凝聚力不仅是维持团队存在的必要条件，而且对团队潜能的发挥有很重要的作用。

那么，如何打造一支有凝聚力的团队呢？因为我们是基于合伙人制度下的凝聚力打造，如果我们当初选择合伙人，是基于共同的愿景、共同的理念、共同创造价值、共同承担风险、共同分享成果的基础之上，那么，团队就基本上具备了形成有凝聚力的团队的条件。

下面我们根据团队凝聚力的评价模型GRPI，来评估一下团队的凝聚力存在着哪些问题，哪个环节需要改进和提高。

（一）G（goal），愿景与目标

这一点与寻找合伙人的标准大同小异，从长远的角度来说，团队要有愿景，比如麦当劳公司的愿景是控制全球食品服务业，这个愿景宏伟且远大，可能需要麦当劳几代人为之奋斗。

除了愿景外，团队还要设立短期目标，通过一段时间的努力，团队能够实现目标，这对团队来说是一种激励，有利于增强团队的凝聚力。当然，团队的愿景和目标要让团队中的每个人都认可。

就达巴瓦拉这个团队而言，他们的愿景是为在孟买打工的人，准时吃上家里的盒饭，基于这样的愿景，团队中每个成员都很努力，认真工作，完成任务。

（二）R（role），角色和职责

团队里每个成员都有自己的角色和职责，比如有产品经理，有研发工程师，有销售员等，团队成员清楚自己的角色是什么，承担着怎样的责任。

在达巴瓦拉团队，其配送流程是由五种角色的人共同承担的，他们都清楚自己的角色是什么，需要做哪些工作，各司其职。

（三）P（proess），流程

团队的决策流程与执行流程是怎样的，是否能够保持畅通，再好的决策如果没有强有力的执行也是枉然，同样再强有力的执行，若是建立在错误的决策之上，也会离成功越来越远。

达巴瓦拉团队之所以高效，不仅是他们每个人都做得很出色，他们与队友配合得也十分默契，在何时何地进行交接，他们都非常清楚，这是确保团队高效运转的关键，也是团队凝聚力的高度体现。

（四）I（interponsenal relationship），人际关系

团队成员之间要相互信任，并尊重彼此的差异，愿意相互配合，密切合作。达巴瓦拉团队是一个信奉简单和快乐的组织，其成员之间信任度非常高，彼此之间有很好的认可与支持。

提高团队合作意识

曾经看过这样一个故事：一家企业招聘职员，有不少人前去应聘，其中不乏高才生。企业老板出了一个十分特别的考题，他给了六名应聘者一

共15元钱，让他们上街吃饭，并要求他们每个人都能吃到饭，不准有人饿肚子。

这六名应聘者在街上询问了几家餐厅，得到的答案是按照最低的标准，要让每个人吃到饭也需要3元，15元根本无法保证每个人都能吃到饭，只好回到公司。

老板得知情况后，通知这六个人面试失败了，其中有一个人十分不服气，询问老板如何花15元保证每个人都能吃到饭呢？

老板说："街上的餐厅有一个不成文的规定，如果五个或者五个以上的人去吃饭，餐厅就会免费送一份，而你们六个人各自为政，想到的只有自己，如果你们一起去，问题就解决了，你们缺少团队合作意识，我们公司不需要这样的员工。"六个人悻悻地离开了公司。

俗话说："一颗老鼠屎，坏了一锅粥。"团队是一个整体，如果团队中有那么一两个自私自利、趋炎附势、争功诿过的人，破坏的就是整个团队，同时也会让团队因为个别人名誉受损。因此，一定要提高团队合作意识。

（一）团队大于个人

团队不仅要强调个人的业绩，更要强调团队的整体业绩，只有团队中每个成员都努力做出自己的贡献，彼此相互配合，才能使团队的业绩更上一层楼，如果其中有人拆台或者各自为政，影响的就会是整个团队。

华为在对员工进行培训时，会设置团队合作项目，如果团队中有成员不能达标，就会让整个团队受牵连，全部受到惩罚，并把个人绩效与团队绩效捆绑在一起，其目的是培养员工的团队意识。

华为公司日常 KPI 常常考核的是一个部门的业绩，指标不合格，整个部门一起受过，从而增强团队的合作意识，形成荣辱与共的团队观念。

在选拔干部时，会优先选拔具有团队意识的员工，坚持"三优先"选拔人才的原则，其中第一条就是"优先从优秀的团队中选拔干部。出成绩的团队，要出干部。连续不能实现管理目标的主管要免职，免职部门的副职不许升正职"。很明显，华为是将个人的晋升和团队的表现捆绑在一起，促使员工必须注重团队合作，团队进步了，自己才能得到晋升。

（二）共同奉献

在一个团队里，只有大家都发挥自己的长处与优点，去配合帮助他人，才能让团队发挥最大的力量，这就需要大家共担风险，不要分彼此，不要各自为政，都打自己的小算盘。

在华为公司，从签合同到给客户供货只有 4 天时间，这就需要团队提高合作意识，共同奉献。华为采用的是矩阵式管理模式，企业中的各部门通过互助网络实现密切配合，有问题及时做出回应。

在进行营销时，华为会将供应链上不属于华为的环节当成公司的一个整体，形成由外协人员加上华为内部团队共同组建的有机整体，通过管理和配合，让华为变成一台高效运转的机器。

同样，华为的客户服务体系也是一个系统工程，华为公司的所有部门几乎都要参与到客户的接待工作当中，每个部门都有明确的职责，都清楚自己的角色，各部门在严密的流程下，相互配合，共同协作，将客户服务做到尽善尽美。

华为的每项工作可能都涉及上万人，甚至十几万人，华为却能让这些人都有条不紊地工作，靠的就是共同奉献，这才是一个好团队该有的样子，即超强的团队意识，分工协作，为团队的目标共同努力。

（三）团队成长带动个人进步

每个人都有短板，只有提高团队意识，加强与团队的合作，才能取长补短，个人才能更好地得到提升。就像一只狼可以捕捉一只绵羊，但是一群狼却可以捕捉比狼大数十倍的水牛，身为狼群中的成员，它也能享受到美味的水牛肉，并且在与团队作战中，积累了战斗经验，从同伴身上学到了本领。

古人云："三人行，必有我师焉。"个人与团队是鱼水关系，没有个人就没有团队，没有团队，个人也难以提升自己。华为公司每次招聘对象几乎都是应届毕业生，这是因为应届毕业生没有工作经验，比较单纯，可塑性强，华为将团队合作意识的理念传播给他们，他们更容易接受，他们在团队中能够得到快速成长。

相对而言，那些工作经验丰富的人，想法比较多，个性强，难以融入团队，他们自己也很难得到快速发展，无论是从团队的角度来说，还是从个人角度而言，都是没有好处的。

总之，团队与个人是一种合作共赢，个人在团队中成长，团队也会因个人的成长变得更加强大。

营造有归属感的工作氛围

一般来说，员工离开企业、团队，主要有三个原因：一是没有自豪感；二是没有成就感；三是没有归属感。在这一节我们就来讲一讲归属感的问题。员工归属感是指员工经过一段时期的工作，在思想上、心理上、感情上对企业产生了认同感、公平感、安全感、价值感、工作使命感和成就感，这些感觉最终内化为员工的归属感。

简单地说，归属感就是员工对企业、团队产生的强烈感情，如果员工对企业、团队有深厚的感情，当企业、团队在遭遇困难时，员工才会挺身而出，与企业、团队同呼吸共命运，一起去想办法攻克难关。那么，如何培养员工对企业或者团队的归属感呢？

（一）保障员工的薪资福利诉求

马克思的《资本论》中有这样一个观点："经济基础决定上层建筑"，这里的经济基础我们简单地理解为物质基础，获得物质上的满足是员工求职工作的基础要求，如果这一基本要求都无法得到满足，员工的归属感从何谈起呢？

薪资福利具体是指企业或者团队要为员工提供工资，给予福利待遇，员工都希望自己的付出与回报成正比，如果员工努力工作，得不到应有的回报，他们很难对团队产生归属感，跳槽就是情理之中的事情了。

因此，企业要制定合理的薪资福利制度，呈现出阶梯上升的特点，让员工有奔头，增强对企业的归属感。

（二）挖掘员工优势，授人以渔

"尺有所短，寸有所长"，每个员工都有自己的优势和短板，比如，有的员工擅长沟通，有的员工逻辑思维强，有的员工好钻研等。若能挖掘出员工的优势，让其发挥优势，无论是对员工个人还是对企业来说，都是收获。

古语有言："授人以鱼，不如授人以渔。"若企业积极去发现、挖掘员工优势，并引导他发挥优势，实现了自我成长，得到了公司的认可，员工一定会对企业心存感激，在企业中获得归属感，并能够为企业创造更大的价值。

对于员工而言，物质满足是一方面，得到自我提升更值得期待，员工在企业中获得自我价值感的同时，企业也收获了员工对企业的强烈情感。

（三）为员工提供职业上升通道

员工在企业中获得自我价值体现在两个方面：一是获得一定的物质基础，二是能够有上升空间。好的晋升机制比薪资福利更具有诱惑性，更能激励员工。没有哪个员工希望在企业的基层干一辈子，他们希望通过自己的努力，得到企业的认可，能够被企业委以重任。

这就需要企业制定合理的晋升制度，让员工找到自己适合的位置，使他的价值和能力得到充分的发挥。宝洁公司有严格的内部提升制度，公司里几乎所有的高级经理（律师、医生等职务除外）都是从新人做起，一步一个脚印成长起来的，从不使用空降兵。只要员工肯努力，肯学习，公司都能给他们提供广阔的发展空间，因此宝洁很多员工一干就是十几年，甚至是一辈子，对企业有强烈的归属感。

（四）在沟通中培养情感

感情是在沟通中获得的，企业要注重和员工的交流，保持沟通畅通和意见互通，这样企业才能了解员工的想法，员工也能清楚企业的做法。

摩托罗拉公司就非常注重领导与员工的意见互通。1998年，摩托罗拉（中国）公司推出了"沟通宣传"活动，其中就包括向员工介绍公司的十二种沟通方式，比如，员工可以以书面形式向公司提建议、投诉，对存在的问题发表自己的看法；公司会定期召开座谈会，回答员工提出的问题等。

除此之外，公司每年会通过高级管理人员与员工沟通对话会，向员工代表介绍公司的重大决策、经营状况，并由相关领导，如人力资源总监、总裁等，回答员工代表提出的各种问题。

沟通可以减少企业与员工之间的隔膜，减少误会，增加员工对企业的信任，并且在此过程中，员工感受到了尊重与信任，从而对企业产生认同感和归属感。

（五）给员工试错的机会

"金无足赤，人无完人"，每个人不是完美无缺的，尤其是员工在成长的过程中，难免会走弯路、会犯错，这本身就是成长的一部分，企业要给员工试错的机会，鼓励员工大胆尝试，不能员工犯了错误，就批评惩罚，否则，员工就会"不求有功但求无过"地得过且过了，自我价值也无法得以体现。

总之，提高员工对团队的归属感，是增强企业凝聚力，促进团队团结协作的根本，也是一个企业持续获得发展必不可少的动力。

懂得给员工自主权

现在的"90后""00后"逐渐成长起来，在不久的将来，他们将成为职场上的主力，他们这代人最大的特点就是追求自由平等。曾经看过这样一段采访，一个"90后"小伙子汗如雨下在街边做烧烤，虽然月收入还不错，但非常辛苦，记者问他愿不愿意换一个工作，在清凉的办公室里上班多好！

小伙子干脆地回答"不愿意"，他之前不是没有这样的工作机会，但他喜欢美食，喜欢自由，如果今天他不想工作，就可以不工作，不用向老板请假，如果上班就不会有这样的自主权。

现在很多公司的管理还是比较死板的，用各种规章制度来约束员工的行为，因为他们担心给员工太多的自主权，会让员工对工作懈怠，影响工作效率，只有靠严格的规章制度才能迫使员工努力工作。

殊不知，当员工被严格管理时，他们的主观能动性是很难发挥出来的,"我不得不工作"与"我要工作"所创造出来的价值将是天壤之别。

基普二廷德尔和加略特·伯恩在创立康泰纳零售连锁店之前,没有经过有关商业和管理的培训,唯一战略就是自己的员工,在雇用员工方面,他们非常用心,会选择激情饱满且有信心能够在自己的岗位上有所创新的人,并赋予员工很大的自主权,即使是兼职人员,也会赋予他们很大的自主权。

赋予员工这么大的自主权,如何确保员工能努力工作呢?康泰纳零售连锁店做法是加强企业文化建设,用企业文化去引导员工努力。另外,公司会给员工提供学习的机会,让他们学到更多的知识,用于解决他们工作中遇到的实际问题。

由于康泰纳零售连锁店的员工既能获得自主权,又能得到学习提升的机会,所以员工们都很努力,这为康泰纳零售连锁店的发展起到了积极的作用,通常零售行业每年平均离职率超过100%,但在康泰纳零售连锁店只有25%,他们发现获得授权的员工创造出了更大的财富,且离职率更低。

2014年,美国心理学会曾发起一项对近1600名成年人的调查研究,结果显示,当员工感觉被雇主看重时,92%的人会满意自己的角色,91%的人表示会尽自己最大努力主动去工作。

同样这项研究结果也被2014年发表于《社会学季刊》的一项研究所证实,该研究显示,如果受过教育的员工可以自主安排工作时间,他们会干更多的活儿,也就是说,人们希望自己能决定工作节奏,他们希望享有自主权。

由此可见，给员工自主权，员工的工作会更积极主动，也会更出色。在合伙人时代，员工更加渴望平等、尊重、自主，企业的发展必须顺应历史潮流，未来的人才管理会愈加开放，增加员工的自主权，不仅会给员工带来更多的工作乐趣，也有助于员工将自身优势发挥到极致，提高创新能力。

苹果公司在2012年的时候就推出过"蓝天计划"，允许一部分员工可以最多花费两个星期的时间去研发他们感兴趣的项目。同样为了鼓励创新，谷歌会给工程师们"20%自由创新时间"。

给员工自主权，既然有诸多好处，那么，企业该如何给员工自主权呢？给员工自主权并非绝对的自由和懒散。

第一步，确定需要授权的工作。不是所有的工作都适合授权，比如企业制定决策这样的大事，肯定不能随便授权的，但员工自己制定业绩目标之类的事情，就可以授权给员工自己。

第二步，确定授权的对象。是否该给员工授权，要因人而异，有些人比较懒散，工作不积极，常常无法按时完成任务，就不宜授权。另外，还要考虑准备授权的工作需要被授权的人具备怎样的知识、技能，哪些人具备条件等。

第三步，明确授权的内容。进行授权时，应明确工作的任务是什么，赋予哪些权力，应当承担的责任是什么。

第四步，授权后，要进行跟踪与监督。给员工授权后，团队领导就可以高枕无忧了吗？当然不是，尤其是在开始尝试授权时，一定要对其进行跟踪与监督，即使了解被授权者的工作进度，发现问题及时纠正，多次授权后，员工都能顺利完成工作，只需要让员工及时汇报工作进度即可，进一步给员工授权。

第五步，评估授权效果。员工完成自己的工作后，要按照预定的标准，对其进行评估，并根据评估的结果，做出相应的晋升、奖惩措施。

给员工授权，让员工拥有一定的自主权，是一个逐步渐进的过程，不可能一步到位，要逐步放开，以免步子太大，导致纰漏。

提升员工自我价值感

你是公司里的一名员工，如果你感到自己的工作常常得不到领导的赏识，你的努力付出领导也看不到，你是否会有一种自己随时都可能被炒鱿鱼的感觉呢？那么，你会在这样的公司长久干下去吗？显然不会，因为在这样的公司里，你没有自我价值感。

根据马斯洛的需求理论，每人都有渴望被认可的心理，因此，企业要让员工感到自己是有价值的，要采取相应的措施提升员工的自我价值感。

（一）注意交谈方式，让员工感受到自己的与众不同

我们来想象一下，给员工布置任务时，是如何与之交谈的。你可能会说："你把这个方案抓紧时间做出来，客户好着急，这是客户的资料。"对员工来说，你传递出来的信息就是领导给我派新活儿了。

我们换一种交流方式，就会完全不一样，"这是一个重要的客户，所以我想让你来做这个方案"。言外之意就是我把这个工作交给你，我很放心，让员工感受到自己的不可替代性，员工受到鼓舞，会加倍努力，超过你的预期。

我们在工作中要学会先扬后抑的说话技巧，发现员工的缺点，不要着急点破，比如，员工做了一个新方案，他觉得很棒，拿给你看，但是你发现这里面有一个小漏洞，可以不直接说出来，让他详细地陈述一遍，看他自己是否能发现。

如果他没有发现，我们可以这样对他说："你这个方案，很有新意，你一定认真思考了，我觉得若是能在这个方案后面补上一个考核指标，是不是更好呢？"员工立马会意识到自己的疏忽，因为刚才我们已经赞美他，肯定了他的价值，所以，他会心情愉快地接受我们的"批评"，以后还会愿意和我们交流，愿意向我们请教。

（二）借助他人之口来赞美员工

我们直接表扬、赞美员工，说多了，员工会觉得不够真实，我们不妨借助别人之口来夸奖员工。比如客户对这次方案很满意，我们可以对员工说："刘总对这次方案很满意，在我面前说了很多赞美你的话。"

我们还可以借助团队成员之口来赞美员工，"那天，新来的小张跟我说，你这人特好，那么耐心地指导他，他很感激你。"

这会让员工感受到自己在客户、在团队中都是不可缺少的一分子，他会特别有成就感和价值感，从而更加努力地工作。

（三）放低姿态，向下属请教

作为团队的领导者，不要在员工面前总给人一种高高在上的感觉，学会放低姿态，适当向员工请教，会提升员工的自我价值感，当然，我们请教的一定是员工擅长的事情，比如，我们可以问员工："你这个方案的灵感来自哪里？我觉得非常棒！"在拉近与员工关系的同时，也提升了员工的自我价值感。

（四）要让员工接受挑战

如果员工对他所做的工作已经轻车熟路，他总做这样的工作，会让他感到无趣，让他长期生活在舒适区，就等于在退步，还会一点点消磨掉他的上进心。

因此，我们要给他一点压力，让他接受挑战："我相信你能够胜任这个任务，虽然有一点难度，但我认为你可以克服，加油！"给员工适量的挑战性的工作，有助于帮助员工挖掘自身潜力，发现自我价值。

当员工接受了挑战，并完成了它，我们要及时给予表扬和奖励，比如在团队中发布表扬通报，有的企业还会给员工家属发喜报，此外，我们还要配合物质奖励，从物质和精神两方面来让员工收获喜悦。

（五）给员工提供培训教育的机会，帮助员工成长

员工只有持续地提升自己，才能感受到自我价值，因此，企业要给员工提供教育培训的机会。目前很多大企业都会给员工提供教育培训的机会，天狮集团就是其中之一。

天狮集团会给员工提供全方位多元化的教育培训，花巨资建设教育系统，创立了"狮学院""天狮国际商学院""中华区培训中心"等，为员工创造高效的发展通道，如帮助员工制订职业发展计划，执行双线晋升的方案，在公司每个员工都能获得平等的教育机会，同时也使企业拥有了更多的"专业化""国际化""梯队化"的高素质精英人才。

（六）奖励是承认个人表现的最好方式

奖励是最能让员工感受到自我价值的方式，这种奖励不一定都与薪酬挂钩，可以有各种各样的方式。比如，允许员工提前两个小时下班，给员工点了一份小点心，在开会的时候，请他发言。总之，奖励一定要及时、果断，毫不遮掩。

第七章
合伙人制度的动态管理

新合伙人进入注意事项

甲、乙两人合伙开了一家贸易公司,现在甲、乙两人邀请丙入伙,如果丙中途加入,该注意什么呢?企业因为多一个合伙人,会发生哪些变化呢?

(一)新合伙人进入的方式

入伙是指在合伙企业成立之后经全体合伙人同意,依法订立书面入伙协议,使合伙人以外的人依法受让合伙企业财产份额或增加出资,成为新的合伙人。

根据《中华人民共和国合伙企业法》第四十三条规定:"新合伙人入伙,除合伙协议另有约定外,应当经全体合伙人一致同意,并依法订立书面入伙协议。"

新合伙人加入可以有两种方式。

一是从原始合伙人(可以是一个合伙人或者多个合伙人)手中获得部分或者全部合伙权益。新合伙人在购买了合伙权后,如果合伙企业之前的资本总额和净资产没有发生变化(资产评估前),只需要添加合伙人资本变化的分录,不需要调整资产与负债的账面价值。

二是投入新资产（本），取得新合伙企业的权益，这会使合伙企业的资产和权益发生变化，在这种情况下，会计上要反映资产和合伙权益的增加。

值得注意的是，如果合伙协议没有约定有关新合伙人加入的内容，那么，必须经过全体合伙人一致同意，任何一个合伙人拒绝其入伙，该非合伙人都不能称为合伙人。如果合伙协议对新合伙人加入有约定，则按照合伙协议来执行。

（二）财务评估

有新合伙人加入，这就意味着原有的合伙关系已经解散，因此需要重新修订合伙协议，因为原来的合伙企业已经经营一段时间，各项资本的账面价值和实际价值不一致，有必要对原有合伙企业进行财务评估。

根据《中华人民共和国合伙企业法》第四十四条规定，"订立合伙协议时，原合伙人应当向新合伙人告知原合伙企业的经营状况和财务状况。"

《中华人民共和国合伙企业法》第四十五条规定："入伙的新合伙人与原合伙人享有同等权利，承担同等责任。入伙协议另有约定的，从其约定，入伙的新合伙人对入伙前合伙企业的债务承担连带责任。"

也就是说，除非合伙人协议有明确规定，否则新合伙人与原合伙人一样享有同等的权利，比如合伙事务的决定权、执行权、监督权以及盈余分配权等，同时必须履行同等的义务，如出资、竞业禁止、分担亏损等。

对于文章开头提到的丙来说，如果他在没有了解企业的财务状况，就匆忙地入伙，有可能会导致两种结果：一是享有了甲、乙两人之前的经营成果，属于不当得利；二是承担了甲、乙两人经营时的债务，丙同样需要承担连带责任。

在现实中，第二种情况多见，有些人为了转嫁债务，邀请新的合伙人，在新合伙人不清楚原企业经营状况的情况下，稀里糊涂地为原合伙人背了黑锅。

因此，在入伙之前，必须对原合伙企业的资产、负债进行确认和评估，一般来说，评估的结果会出现三种情况。

1. 原合伙企业账面净资产等于其公允价值。

2. 原合伙企业账面净资产大于其公允价值，说明原合伙企业资产贬值。

3. 原合伙企业账面净资产小于其公允价值，说明原合伙企业资产升值。

为了更好地理解，我们需要明白什么是账面净资产和公允价值，账面净资产是指一个企业的实收资本，加上资本公积、盈余公积和未分配利润后的所有者权益。

公允价值又称为公允市价、公允价格。熟悉市场情况的买卖双方在公平交易的条件下和自愿的情况下所确定的价格，或无关联的双方在公平交易的条件下一项资产可以被买卖或者一项负债可以被清偿的成交价格。

新合伙人与原合伙人协商后，可以按照下面三种情况中的一种取得合伙企业的权益。

1. 取得与公允价值一致的合伙权益份额。

2. 以低于公允市价取得部分伙权，说明新合伙有商誉（商誉通常是指企业在同等条件下，能获得高于正常投资报酬率所形成的价值）。

3. 以高于公允价值取得部分合伙权益，说明原合伙人存在商誉。

对原合伙企业进行财务评估，是新合伙人决定是否加入的关键因素，一般来说，新合伙人是需要对前合伙企业的债务承担无限连带责任的，但是，如果新合伙人在入伙时已经约定对入伙前的企业债务不承担责任或者承担有限责任，其做法并不违法。

另外，按照《中华人民共和国合伙企业法》的有关规定，"原合伙人应当向新合伙人告知原合伙企业的经营状况和财务状况"。如果原合伙人不能真实、全面地告知，具有隐瞒、欺骗的行为，新合伙人时可以追究原合伙人责任的。

总之，新合伙人入伙意味着原有的合伙关系解散，这时候需要重新修订合伙协议，对于原合伙企业财产分割，管理权和经营性损益等都必须清算好。

合伙人股权退出机制

如果没有制定股权退出机制，会造成怎样的麻烦呢？我们先来看两个案例。

甲、乙、丙三人是大学同学，毕业后三个人一起创业，甲拿了18%的股权，干了一年就要离职，离职后股权怎样处理，成了乙、丙的难题，甲以没有股权退出机制为由，坚决不同意把股权拿出来。

甲、乙、丙、丁四人刚刚组建完公司，丁就因为意外去世了。因为没有股权退出机制，就得按照我国的《继承法》来操作，丁去世后，他的财产将由他的妻子、子女、父母来继承，这就意味着公司多出了好几个股东。

通过以上两个案例，我们可以意识到如果没有股权退出机制，一旦发生特殊情况，就会很麻烦，因此，必须建立合伙人退出机制。

（一）提前约定退出机制

对于进入股权分配体系中的合伙人我们不仅要建立好进入机制，还需要提前设定好退出机制。创业者需要提前与合伙人协商并约定好，持股合伙人中途退出后手中的股权该以什么样的形式退回。

股权是团队长期的贡献与付出所得，当持股合伙人退出后，就要将股权收回，一方面有利于公司的稳定发展，另一方面可以保障其他合伙人的权益不受损，否则就有失公平。

除了制定好股权退回形式外，还应约定好股权成熟的期限，比如约定股权成熟期限为两年，若持股合伙人只干了一年就要退出，则股权处于一半的成熟状态，对于成熟度不同的股权，应采取不同的退出方式和收购价格。

比如，小米公司授予员工的股权有一定的权力限制，只有实现一定的工作目标，或者达到一定的工作年限，才能将股票解锁，对于那些参与小米发展基金的员工，在投资后五年内从小米离职，只能收回投资金加利息。只有在公司工作满五年后，才能成为基金权益持有人，离职后，公司才会按照公允价值进行回购。

再比如华为公司，华为从 1997 年开始实施虚拟股票计划，在计划中，员工拿到的并不是真正的股权，而是利润的分红权。华为规定只有在企业工作期间才能参与分红，离职后，股权就会及时退回，公司会对离职员工的股权进行回购。

除了法定退出外，公司最好设置强制退出的相关条款，比如，严重违反企业的规章制度，给企业造成损失，比如天猫总裁蒋凡因婚外情被除名阿里合伙人，就是强制退出的典型案例。另外，也应将泄露企业机密或者违反通知竞争的行为列入强制退出的情况，并制定出相应的股权回购措施。

（二）股东中途退出，股权应按照溢价回购

股东中途退出，公司对股权进行回购，那么，该以怎样的价格进行回购呢？按照当初合伙人入股的价格肯定不妥当，而是应该认可合伙人以往的贡献，按照一定的溢价或者折价进行回购。

那么如何确定具体的退出价格呢？这需要考虑两个因素，一是确定退出价格的基数，二是确定溢价或者折价倍数。其方式主要有三种。

1. 按照公司最近一轮融资估值的一定折扣价回购。

2. 按照退出合伙人持股比例参与分配净利润的一定溢价。

3. 按照合伙人买股权的购买价格的一定溢价回购。

值得注意的是，合伙人股权退出机制一般难以写入公司章程，因为工商局通常要求企业使用他们制定的章程模板，因此合伙人之间应该另外签订协议，约定好股权退出机制，并在股东协议中约定好，如果公司章程与股东协议出现冲突，应该以股东协议为准。

（三）设定高额违约金条款

为避免合伙人退出却不同意公司回购股权，可以在股东协议中设定高额的违约金条款。

股权绑定协议的设置

合伙企业在创办之初，确定好股份比例就万事大吉了吗？当然不是，如果公司刚成立不久，就有人退伙，股权该怎么处置？如果出资多的股东不卖力工作，对公司事务不上心，引发其他股东不满，该怎么办？

以上这两种情况都是没有建立股权绑定机制引起的麻烦，如果公司在创办之初，就建立了股权绑定机制，约定股权按照创始人在公司工作的年限逐年兑现，创始股东必须在公司工作一年才可持股，一般股份绑定会约定按照4~5年期执行，以5年为例，第一年给20%，接下来每年给20%。

公司执行股权绑定机制，有两大好处。一是避免有人不劳而获，比如有人掌握了公司25%的股权，然后刚干了一两个月就走了，或者占着位置却不努力工作，就坐等其他人奋斗，每年轻松拿到好处，坐享渔人之利，如果没有股权绑定，其他股东奈何不了他，只能干着急。

二是有效平衡股权分配不公平的情况，奖励有真本事的人。最初在制定股权分配比例时，往往想得不那么周到，很多问题都是在企业运营起步后才逐渐显现出来。比如公司在运营一段时间后，发现股权分配较少的甲有经商的天赋，对公司的贡献非常大，而占有股权分配额较多的乙却业绩平平，对公司的贡献一般。

此时，我们就可以把公司没有授权的股权进行重新分配，或者经董事会讨论，给那些对公司贡献大的人多分配股权，解决最初股权分配不公平的问题。总之，股权分配要体现多劳多得的原则，不能有失公平，不然很容易导致合伙人之间的矛盾，对公司的长久发展也是十分不利的。

对于那些没有经历过股权纠纷的创业者来说，他们对股权绑定一事可能会怀有抵触心理，一方面是因为担心自己在企业运营中发挥不出真正的价值而失去股份，另一方面他们会觉得没有必要，如果合伙人都是亲戚朋友，这样设置会令人心情不悦。可一旦发生股权纠纷，一定会让创业者追悔莫及。

为了便于理解，我们可以通过下面的例子来进行说明。

梦想公司发行800万股，创始人甲、乙两人，各有400万股，其中20%，即甲、乙80万股，在公司创始时，马上分配，公司以后不能回购，剩下的640万股，分四年授予。

如果甲一年后离开梦想公司，他将拿到80万股，加上公司创始时的80万股，共160万股，剩下的240万股被公司以象征性价格回购。公司的总股份量就变为560万股，甲占有29%，乙占有71%。这样一来甲、乙两人就可以一种和平的方式"分手"了，不至于搞得不可开交。

试想一下，如果梦想公司没有提前进行股权绑定的话，甲、乙两人可能会争吵得面红耳赤，甲会说自己为公司做了多少贡献，那400万股理所应当是他的，乙肯定会不同意，认为甲在这个时候退出，理应少拿股份，因为这影响了公司的稳定发展。最后甲撂下一句话："反正股权分配是这样写的，看你能怎么样？"最终就会上演两人的大战，甚至上法院，公司的发展就此搁置。

由此可见，进行股权绑定是多么重要，那么，股权绑定协议如何设置呢？以下面的模板为例。

股权绑定协议书

授权日期：20××年××月××日

每股执行价格：××元

总股数：××××股

总价格：××××元

期权类型：××××

到期时间：20××年××月××日

生效时间：20××年××月××日

股权成熟时间表：创始人股权于20××年××月××日成熟××%，20××年××月××日开始每年××月××日成熟××%，直到股权完全绑定完成。若创始人主动从公司离职、因自身原因无法履行职务，或者因重大过失被解雇，创始人应以××元价格将其所有未成熟的股权转让给公司。创始人未成熟的股权，在因前款所述情况而转让前，依然享受股东分红权、表决权以及其他相关股东权利。

转让：公司在合格资本市场首次公开发行股票前，未经投资人书面同意，创始人不得向任何人以转让、赠与、信托、质押或者其他任何方式，对其所持有的公司股权进行处置或在其上设置第三人权力。为执行经公司有权机构批准的股权激励计划而转让股权的除外。

激励股权的转让与处理

关于员工获得的激励股权能否转让这一问题，我们从是针对非上市公司的激励股权还是针对上市公司的激励股权两个方面来讨论。

（一）上市公司股权激励的转让问题

员工能否将激励股权进行转让，要依据股权性质来判断，如果是限制性股票，在限售未解除前，是不能转让的。这主要依据的是《上市公司股权激励管理办法》的相关规定。

《上市公司股权激励管理办法》第二十二条规定："本办法所称限制性股票是指激励对象按照股权激励计划规定的条件，获得的转让等部分权利受到限制的本公司股票。限制性股票在解除限售前不得转让、用于担保或偿还债务。"

《上市公司股权激励管理办法》第二十八条规定："本办法所称股票期权是指上市公司授予激励对象在未来一定期限内以预先确定的条件购买本公司一定数量股份的权利。激励对象获授的股票期权不得转让、用于担保或偿还债务。"

《上市公司股权激励管理办法》第四十五条规定："上市公司应当按照证券登记结算机构的业务规则,在证券登记结算机构开设证券账户,用于股权激励的实施。激励对象为境内工作的外籍员工的,可以向证券登记结算机构申请开立证券账户,用于持有或卖出因股权激励获得的权益,但不得使用该证券账户从事其他证券交易活动。尚未行权的股票期权,以及不得转让的标的股票,应当予以锁定。"

(二)非上市公司股权激励的转让问题

非上市公司的股权来源主要有三种渠道:一是公司预留股份,公司在创立之初,就预留出部分股权,用于股权激励;二是原有股东转让部分股权用于股权激励;三是经股东会三分之二以上股东决议同意后,采用增资扩股的形式进行股权激励。

创业公司经常用两种激励工具:期权和受限股。受限股有转让、解限、得权三个主要环节;期限则有授予、行权、转让三个主要环节。

在期限模式下,公司向员工转让股权主要发生在"行权"环节,虽然不同公司设定的行权流程有所差异,但大体会有以下步骤。

1. 提交行权申请

被激励对象满足行权条件后获得行权资格,就可以向公司股权管理部门提交《行权申请书》,进行行权申请,需要提供的资料有绩效考核结果、期权授予协议等。

2. 行权审批

行权审批主要由三部分组成,一是由股权管理部门进行审核;二是律师团队对合规性进行审核;三是决策机构审核等。不同公司的流程可能存在差异，但大部分公司会有这三个流程。

第一步，股权管理部门在收到员工的《行权申请书》之后，主要从两个方面对被激励对象进行审核：一是被激励对象是否满足《股权激励方案》要求的行权条件；二是提出行权申请的股权数额是否符合《股权激励方案》的相关规定。

第二步，行权申请经股权管理部门审核通过后，交由律师团队，由他们对相关材料进行实质性及程序性审核。

第三步，决策机构对申请人提出的行权申请拥有最终决定权，通过审批后，再交给股权管理部门进行股权流转。

目前，有的公司为提高效率，会将以上三个部门合并成一个审核机构。

3.行权实施

行权实施分两个步骤来完成。

第一步，签署《行权协议》。

签署《行权协议》的双方为出让股权主体与激励对象，因为激励对象完成行权后，会称为公司股东，因此需要配合公司办理工商变更，因有新股东加入，公司需要重新制定或者修改公司章程、合伙协议书、股东名册等相关文件。

第二步，被激励对象支付行权价格。

股权激励并非都是无偿的，如果是有偿股权激励，员工需要自行购买股票，从而获得股权激励，有的公司为了激励员工，会允许员工以优惠的价格购买股票。

值得注意的是，有的公司会要求被激励对象先支付行权价格，再办理工商变更登记，也就是第一步和第二步的步骤进行互换，这也是可以的。

将以上程序全部顺利完成，才完成了股权转让。对于受限股无须经过授予、行权等步骤，直接签署受限股转让协议就可以了。

特殊情况下对激励股权做出调整

众所周知，华为公司从1990年开始实行股权激励制度，至今已经进行了四次调整。任何一个企业在制订好股权激励方案后，都不会一成不变，受内外环境因素的变化影响，都需要对激励股权方案进行调整。

（一）激励对象服务终止时，方案如何调整

激励对象服务终止包括辞职、解雇、退休、丧失行为能力、死亡几种情况。

1. 辞职

如果持股员工在公司同意之下辞职，可对持有的股权激励中可行权部分行权，并进行一定的时间限定，比如一个月、一年等，一般以三个月最为常见。对处于等待期的股权激励则不得行权；如在离职前已经提前行权，公司有权按照行权价格回购股票。

如果持股员工未经公司同意，擅自离职，可终止和取消其股权激励计划。

2. 解雇

持股员工因工作发生重大失误或者被判刑等原因被解雇，通常会对没有行权的股票激励做失效处理。

3. 退休

持股员工到了退休年龄，通常会对股权激励做两种变更：一种是在六个月内加速行权，若六个月之内没有完成行权，其股权激励计划失效；另一种是授予时间表和有效期限不变。

4. 丧失行为能力

持股员工丧失行为能力，持股员工或者其合法继承人一般在丧失行为能力的五年内完成行权，若未能在五年内完成行权，股权激励计划失效。

5. 死亡

持股员工在任期内死亡，股权激励可作为遗产由他的继承人继承，其股权激励的有效期，不同的公司规定有所不同，通常要求继承人在三年内完成行权，否则股权激励计划失效。

（二）激励对象违反相关规定，股权激励该如何处理

激励对象违反相关规定主要是指违反竞业禁止条款和保密条款，通常公司在授予股权激励时，对这两方面都会有明确的约定，若违反就会取消或者终止当年甚至前几年的股权激励计划。

（三）除权时，股权激励如何调整

除权的情况主要包括送股和转增股本，配股，重发现金股息，增发新股等情况。

1. 送股和转增股本

在这种情况下，公司应按照同等比例调整股权激励计划中还没有授予以及已经授予但还没有行权的股权激励数量，并调整行权价格。

调整后的股权激励数量＝调整前的股权激励数量×（1+每股送股比例或转增比例）

调整后的行权价格＝调整前的行权价格/（1+每股送股比例或转增比例）

2. 配股

配股时，公司应按照配股比例调整股权激励计划中还没有授予及已经授予但还没有行权的股权激励数量，并调整行权价格。

调整后的股权激励数量＝调整前的股权激励数量×（1+每股配股比例）

调整后的行权价格＝（调整前的行权价+每股配股比例×配股价）/（1+每股配股比例）

3. 重发现金股息

公司在进行股权分红时，若股权激励的对象还处于等待期，是没有权利享受现金股息的，但应调整行权价格。

非上市公司的行权价格调整公式为：调整后的行权价格＝调整前的行权价格－派现总金额/当前注册资本

上市公司的行权价格调整公式为：调整后的行权价格＝调整前的行权价格－每股税后现金股息

4. 增发新股

增发新股若针对的是原有流通股东的定向配售，或对增发部分进行除权处理，应按照配股方式处理，没有这种情况，股票期权数量与行权价格不需要调整。

（四）公司控制权发生变化，股权激励如何调整

上市公司控制权转移主要是指控股股东发生了变化，如新的控制方同意继续实施股权激励计划，则无须做调整。如新的控制方不同意，通常会采用调整方法中的一种。

方法一：控制权发生变化前，仍执行原有股权激励计划；控制权变化后，在一定时期内，没有行权部分可继续行权。

方法二：控制权发生变化前，没有行权的部分加速行权；控制权发生变化后，没有行权部分自动失效。

方法三：控制权发生变化前，仍执行原有股权激励计划；控制权变化后，如持股员工加盟到竞争对手阵营，还没有行权的部分自行失效，其他人员依然可以在一定时间内继续对没有行权的部分行权。

除了以上几种常见情况外，还有一些情况，需要对激励股权进行调整，在此不做介绍。

第八章
合伙失败的常见原因分析

权利与义务未明确

甲、乙、丙三人合伙开了一家餐馆,甲出资51万元,占股份的51%,乙出资30万元,占股份的30%,丙出资19万元,占股份的19%。甲是大股东,但甲没有经营餐馆的经验;乙是厨师,从事餐饮行业十余年,擅长做鲁菜;丙曾在餐厅做主管,对餐厅经营管理很有一套。

因为三人都是多年的发小,感情不错,合伙时并没有签订合伙协议,只有一个口头协议,权利与义务也没有明确约定,这为餐馆后续的经营埋下了隐患。餐馆经营了一年,生意一直不温不火。

于是,丙提出了改革方案,希望增设早餐,之前餐馆是不提供早餐的,甲觉得早餐赚钱不多,没必要投入精力去做,丙不认可他的说法,予以反驳,并征询乙的意见,乙心里有自己的算盘,若增设早餐,辛苦的是自己,他虽然不愿意,但并没有明确表态,保持中立态度,只要甲和丙商量好即可。

甲和丙争论不休,甲的意思是丙占那么少的股份,凭什么指手画脚,公司决策这么大的事情,干吗要听丙的。丙则认为甲对经营餐厅一窍不通,就不该过问餐厅经营管理上的事情。

数次争吵之后，甲、乙、丙之间的关系发生了微妙的变化，但凡餐厅决策上的事情，都会引发争吵，哪怕是很小的事情，比如解聘一个员工，每天采购什么蔬菜等，似乎只有争论成功了，才能显示出谁是餐厅的老大，餐厅在内耗中经营日益惨淡，当初创业的热情消失殆尽……

甲、乙、丙合伙开餐馆，起初三人对创业都充满了信心，可经营不久就争吵不断，为何会出现这样的问题呢？甲觉得自己是大股东，餐馆的一切事情都应该自己说了算，这显然是不对的，按照他的思维，乙和丙岂不是他的雇用员工了吗？这违背了合伙人制度的"共同经营、共同承担风险，共同分享成果"的理念。

当然，导致甲、乙、丙不合的根本原因在于企业在创办初期，没有签订好合伙协议，如果在合伙协议中明确合伙人的权利和义务，就可以按照协议办事，做到有"法"可依，避免了不必要的争端。那么，合伙协议中关于合伙人的权利与义务应该有怎样明确的规定呢？

（一）具体清晰的岗位分配

合伙人只有岗位分配清晰，才能各司其职，出现问题才能找到责任人，因此在签订合伙协议时，应对谁该负责日常运营管理，谁负责技术开发，谁负责产品设计，谁负责业务等都进行明确，同时还要明确每个岗位的权限范围。

小米在创业初期，有八个创始人，俗称"八大金刚"，他们各司其职，雷军担任CEO，主持公司全面工作；林斌负责供应链，公司的国际业务以及人事法务等工作；黎万强负责小米网；洪锋负责公司的MIUI技术，在安卓基础上开发的系统；周光平负责手机硬件开发；黄江吉负责米聊业务；

王川负责小米电视和小米盒子；刘德负责小米手机工业设计。

由于有了明确的分工，小米的八大创始人平时各干各的，他们很少碰面，只有在需要做出重大决策时，"八大金刚"才会碰面，一起协商有关事宜。

（二）将日常执行的最终决策权落实清楚

初创企业最容易出现的一种状况就是在面临决策时大家七嘴八舌，合伙人越多，越难以做决策，会因为一点小事将创业发展的机会浪费掉，因此企业应将日常事项明确约定由谁来做最终决定，从而提高企业运行效率。

腾讯在部门业务事项上，非常重视相关责任主管的意见，"谁主管，谁提出，谁负责"是不成文的规定。

（三）重大事项执行程序

与日常决策不同，若企业遇到增加新合伙人、融资、并购等重大事项时，就不能由一个人来决定，应该制定出一套可行的程序，按照程序来决定重大事项，这是避免纠纷的最好办法。

华为成立了EMT（经营管理团队）机制，由任正非、孙亚芳、徐直军、纪平、徐文伟、胡厚崑、费敏、洪天峰、郭平八人组成，实行集体领导、集体决策。

道不同不相为谋

你听说过"割席断交"的故事吗？东汉时期，管宁和华歆是非常要好的朋友。有一天，他们在园中锄草，发现地里有一块金子，管宁对金子视而不见，继续挥着锄头除草。华歆则把金子捡起来，放在了一旁。

还有一次，管宁与华歆同坐在一块席子上读书，有达官显贵乘车路过，管宁充耳不闻，继续读书，华歆却跑出门去观看，羡慕不已。管宁发现华歆与自己并不是真正志同道合的朋友，便把席子一分为二，两人分席而坐。从此，管宁不再以华歆为友。

无论是管宁与华歆割席断交，还是伯夷、叔齐义不食周粟，饿死于首阳山，都说明一个深刻的道理——道不同，不相为谋。其实，寻找合伙人也是一样的道理，如果找的合伙人志向不同，早晚是要分道扬镳的，这也是很多合伙企业失败的一个重要原因。

杨某与张某在读大学时，就合伙创办了一家"校园大学创业联盟"，可是经营了快两年，一直处于亏损状态，暑假期间，张某通过招聘学生兼职收取人力资源佣金，让公司获得了 16 万元的利润。

作为第一股东杨某希望将钱用在购买办公设备上，提高企业的办公效率，张某却不同意，他认为赚了钱就应该分享，不要把钱花在"无用"的地方，更何况这钱原本就是他赚的，他有权力来支配。

张某的说法令杨某很不悦，他觉得创业初期自己掏了大部分钱，理应他说了算。再者，当初创业的时候就说了两人要一起将公司规模做大，现在刚有些成绩，就想着分钱，实在不妥。

最终，因张某与杨某的意见迥异，无法谈拢，只好分道扬镳，张某离开了公司，并带走了部分客户资源，公司清账后，又拿走了一部分公司资产，使原本刚刚有了起色的公司，元气大伤，杨某艰难支撑。

合伙人从同舟共济到同室操戈的不少见，张某与杨某两人度过了企业发展的艰难时期，却没能继续并肩作战，将企业做大做强，归根结底是因为两人志向不同。杨某的"野心"比较大，希望把公司的规模做大，更注重公司的长远发展，舍得投入资金。张某更在意赚钱，赚到钱就要享受，格局和眼界与杨某完全不同，志向完全不同的两个人，在创业初期能同甘共苦，但很容易在创业后期在公司的未来发展方向上产生分歧。

从广义上讲，志向相投包含的面很广，包括合伙人创办公司的动机、目标、规划等，只有找到志同道合的合伙人才能让企业长久且稳定地发展。

1994年，马云以翻译的身份赴美，平生第一次接触到了互联网，被美国互联网的繁荣深深触动了，他预感在不久的将来中国的互联网一定会有大发展，他想抓住机会，希望能在互联网领域有所建树。

马云从美国回来后，开始游说，希望能得到他人的支持与帮助，但没有多少人能认可他的想法，甚至觉得他是个疯子，他曾邀请几十个朋友到自己家里，跟他们讲在美国看到的互联网和电商相关内容，但大家都觉得他是痴人说梦、天方夜谭。

不过，马云并没有就此放弃，他依然四处游说，希望能遇到和自己志同道合的人，不久后，他找到了知己——何一兵。何一兵当时在杭州电子工程院教计算机，后来，他辞去了工作，和马云一起创办了海博公司，可不久后，杭州电信局也做了同样的业务，因实力悬殊，选择了融入杭州电信局，但这并不能让马云满足，他觉得这与自己的目标有差距，他想开创中国的互联网电商时代。

于是，马云开始了中国国际电子商务项目，从事网站建设工作和开发网上购物平台，马云单干后，多次邀请何一兵同他一起创业，但何一兵拒绝了，他坚持要做企业的电子商务应用服务，两人就此分手。

马云创办阿里巴巴时，"十八罗汉"里没有何一兵，也是蛮遗憾的事情，但人各有志，两人志向不同，尽管起初的想法一样，但终归还是越走越远的。

经营理念不同

2002年，肖芳从大学毕业，满怀理想与抱负，可家人觉得一个女孩子瞎折腾什么呀？有一份安稳的工作就够了，于是将她安排到一所中学当老师，而其他同学还在为找工作发愁，都非常羡慕肖芳，她心里的理想与抱负也就此搁置了。

肖芳的发小白雪未考上大学，高中毕业后就从事服装销售工作，十分熟悉销售流程，干了四五年之后，白雪不想再为老板打工，想开一家服装店自己创业，可苦于没有资金。

一次偶然的机会，白雪与肖芳在闲聊时，谈到自己想创业的想法，肖芳也对自己每天三点一线的生活有些厌烦，当初的理想与抱负又开始在心中萌动。于是，她决定辞去工作，和白雪一起创业，虽然她对服装销售没有经验，但她很信任发小白雪。

创业第一年，肖芳与白雪分工明确，肖芳负责店内的管理及服装零售，白雪则负责服装的进货和批发，两人抱团一起努力，很快服装店就有了起色，生意越做越红火。

但是，很快两人经营理念的差异就阻碍了服装店的服装。白雪在看到业绩后，急于分利，可肖芳则希望扩大经营，将利润再投进去，两人为这事发生了矛盾，最终闹得不欢而散，本来红火的生意也戛然而止。

很多创业者很难意识到经营理念不同，会给公司的发展埋下怎样的隐患。打一个形象的比喻，这就像拔河比赛，如果大家步调一致，都朝着一个方向努力，就会形成巨大的合力，战胜对手的概率就会更大。相反，如果大家都有自己的打算，朝着不同的方向用力，就无法形成合力，必然会败给对手。

"经营理念相同"是让合伙人形成合力的关键因素，也是企业能够快速发展的必然条件，如果经营理念不同，合伙人分道扬镳是早晚的事情，也会让原本步入发展轨道的企业元气大伤。

20世纪90年代末，吴长江与同学杜刚、胡永宏共同创办了雷士照明，创业初期，三人分工明确，吴长江负责工厂管理，胡永宏负责市场营销，杜刚负责调配资金，工厂很快发展壮大起来。但很快三人就因经营理念不同而产生了矛盾分歧，吴长江想对雷士照明进行渠道改革，杜刚和胡永宏则持反对意见。后来，吴长江差点被两位同学赶出公司，最终以他的两个同学各拿走8000万元，离开公司收场。

2015年7月，沃尔玛宣布旗下电商平台1号店的董事长于刚与CEO刘峻岭离职，沃尔玛正在寻找合适的接替者。1号店被沃尔玛全资收购后，双方在经营理念上就产生了冲突。于刚作为1号店的创始人，苦心经营这么多年，对1号店应该有很深的感情，但是由于双方没有在经营理念上磨合好，不得不离开。于刚等管理层希望烧钱扩张，但大股东沃尔玛追求的是业绩和稳健发展，双方经营理念相差很大，很难融合。

具有相同的经营理念是确立合作方向的基础，如果经营理念南辕北辙，合作失败是必然的。空中网董事长兼CEO周云帆曾经说过："很多创业的合伙人，因为经营理念的分歧，最后都崩溃了，这就像一个大厦的地基，如果打得不好，是要有分歧的，公司也没法运作。选择合伙人，共同的经营理念比谁是CEO更重要。比如杨宁在澳大利亚的CEO论坛说几句话我就会很高兴，因为他不是代表他自己一个人的经营理念，而是代表我们大家的。"

空中网董事长兼CEO周云帆与同学杨宁一起创业，就是基于两人相似的经营理念，他认为合伙创业成功要具备两点：一是相同或者相似的经营理念，二是坚忍不拔的精神。无论是雷士照明三个创始人的纷争，还是沃尔玛与1号店的纠葛，都源于经营理念的不同，在创业初期，这个矛盾并不明显，但随着企业的发展壮大，经营理念不同导致的分歧矛盾就会日益凸显出来，甚至会导致分家，合伙企业一定要对此十分重视，否则企业半途而废实在可惜。

风险不能共担

钱某与孔某合伙经营一家服装店，为了加大冬季服装订货，钱某让孔某筹集30万元，为备货做准备。孔某便以个人名义向陈某借30万元，并写下借条："今因个人急用现借陈某人民币30万元整，月息2分，期限为3个月，特此证明。借款人：孔某，2019年10月2日。"

随后，陈某以银行转账的形式向孔某的个人账户转入30万元，转款后，孔某将此款项全部转入厂家的订货账户。可是后来服装店经营不善，一直处于亏损状态。

三个月过去了，约定还钱的日子到了，陈某找到孔某要求还钱，孔某认为这是公司经营期间的共同债务，应由他和钱某共同承担。于是，陈某又找到钱某，钱某则以该借款是孔某以个人名义借的，与自己无关为由，拒绝还钱。无奈之下，陈某将孔某与钱某诉至法院，要求两人共同还款并支付约定利息。

在该案例中，是否需要钱某偿还借款，关键在于认定该笔借款是不是合伙债务。如果是合伙债务，就应由合伙人共同承担，否则，就应由借款人孔某自行承担。

根据《中华人民共和国民法典》第九百七十三条规定："合伙人对合伙债务承担连带责任。清偿合伙债务超过自己应当承担份额的合伙人，有权向其他合伙人追偿。"

根据《中华人民共和国民法典》第九百七十八条规定："合伙合同终止后，合伙财产在支付因终止而产生的费用以及清偿合伙债务后有剩余的，依据本法第九百七十二条的规定进行分配。"

另外，《最高人民法院关于人民法院审理借贷案件的若干意见》第十五条规定："合伙经营期间，个人以合伙组织名义借款用于合伙经营的，由合伙人共同偿还；借款人不能证明借款用于合伙经营的，由借款人偿还。"

在该案例中，很明显孔某向陈某的借款用于了公司的经营，因此，陈某的借款应由孔某与钱某共同承担。此事虽然告一段落，但是孔某也从这件事中意识到钱某不适合做合伙人，在关键时刻，不能风险共担，还差点将自己"坑"了，孔某遂提出退伙。

像钱某这样的合伙人，是万万不能找的，与这样的人共事，只能与他分享胜利果实，却不能共担风险，而创业本就是九死一生的事情，需要合伙人共同经历过"生死"的考验，才可能成功，而像钱某这种大难临头各自飞，甚至把合伙人拉下水的人，企业怎能经营成功呢？

在创业初期，合伙人共担风险这一点非常重要。在本书的第二章我们讲到合伙人的出资方式，合伙人可以不用货币出资，可以用技术或者实物等出资，但是从共担风险的角度来说，合伙人用货币出资，更有利于将合伙人的利益捆绑在一起，共同承担风险。

小米公司刚成立的时候，一共有56名员工，他们自掏腰包总共投资了1100万美元，平均每人投资约20万美元。小米早期的14个合伙人中，唯一的女员工小管没有积蓄，可为了投资，她卖掉了自己的嫁妆入股。

其实，当时雷军并不缺钱，他曾说过之所以敢做小米，是因为他自己就可以拿出1亿美金，可为什么要让员工入股呢？这就是他的高明之处，只有让员工投入真金白银，他们才会将自己的命运与企业的命运紧密相连，毕竟谁都不想把辛苦赚来的钱打了水漂，不是吗？大家都投了钱，就会死心塌地地工作，因为"小米兴则个人兴，小米亡则个人亡"。

阿里巴巴在创业之初，"阿里十八罗汉"共筹集了50万元的创业资金，然后每个人按照所投入的资金分得一定的股份，其实也是一种风险共担的体现。

现在不少大企业也会较大力度地推行员工持股，一来改变了只有个别人是创业者，大多数人是打工仔的传统形式，激发了员工的工作激情；二来只有让员工掏出真金白银投入到公司中去，才能体现出他们对公司的发展有信心，才能真正地做到与公司共进退，共担风险，合伙将公司做大做强，从而实现公司与员工的双赢效果。

利益分配不均

方某是一家软件公司的老板，有近 15 年的行业经验，公司发展还可以，但业绩常年不温不火，每年的利润在 150 万元左右。

后来，方某在工作中认识了邵某，邵某销售经验十分丰富，业绩骄人，两人经过一段时间的交往，建立了信任关系，便合伙创办了一家新公司。

方某出资 230 万元，按出资比例占股 77%，邵某出资 70 万元，占股 23%。但实际上邵某出资仅 40 万元，方某也同意未来分红时邵某再将出资补足，邵某非常感谢方某，两人的合作非常愉快。

两人合作之后，业绩显著提升，团队规模迅速扩大，并将业务开辟到了外省市场，一年半之后，方某与邵某就收回了全部投资。

第二年，邵某的心理有些不平衡了，他认为公司的业务都是他辛苦拉来的，每天与销售团队那么辛苦地工作，工资和分红却不高，他便向方某提出涨工资和加奖金的要求，方某答应下来。

年底时，公司全年的利润高达 900 万元，分红时，邵某明里暗里地提醒方某分红应高一点，总不能自己带团队累死累活地干了一年，比整天坐在办公室享清福的还拿得少吧？方某心里有些不悦，他认为按照出资比例分红很公平，但碍于情面，他愿意拿出40万元，让邵某与他的团队进行分享。

邵某当即表示不愿意，凭什么方某可以分了几百万元却只拿出40万元给他和他的团队。后来，邵某越想心理越不平衡，两人的矛盾由最终的争吵演变成了拍桌子怒火，搞得公司上上下下人心惶惶，销售团队的人看到邵某无心做业务，也跟着颓废起来，公司的业绩直线下降。

最后，邵某直接撂下一句话，"给我500万元，我立马退出，走人！"见邵某要走，方某也有些不知所措了，他知道邵某对公司而言有多么重要。

在创业公司，因利益分配不均导致合伙人散伙的情况并不少见，那么，像邵某与方某这种情况，该如何处理才能避免公司发展就此搁置呢？

首先我们来分析一下该案例，邵某心理不平衡是因为他觉得自己干得多却得得少，方某则认为按照出资比例分享股权没有问题，应该尊重契约，而且在创办公司的时候，邵某没有钱，自己没有计较，是自己帮助邵某赚到了钱，现在他又要多拿，这是无理取闹。

显然两个人关于利益分配考虑的角度是不同的，方某是从出资比例这方面来考虑的，而邵某则是从对公司贡献的角度来考虑的，怎么做才能让双方都满意呢？

首先就要确认谁是公司的核心大股东，邵某与方某在公司中各担任怎样的角色，职责是什么，谁是项目中不可或缺的因素。很明显，邵某工作认真负责，对公司的贡献最大，没有他，公司很难取得骄人的收益，在项目中最为关键,而方某则几乎不参与项目管理。

另外,这是一家软件公司,属于轻资产行业,对人力资源的依赖程度高,所以必须肯定人的重要性,对公司做出贡献的人要给予重奖。

基于以上两个方面的考虑,可以对股权与分红做出调整。设定一个公司利润值,比如公司利润超过700万元,可以采取增量分红的方式,利润未超过700万元,双方的分红比例保持不变,仍按照出资比例分红。若公司利润超过700万元,超过的部分可以按照23∶77的比例分成,肯定邵某对公司的贡献。这种方式对方某与邵某都比较公平。

公司在创业初期,出资多的股东往往贡献最大,但随着企业的发展,合伙人对公司的贡献就会表现出差异,如果股权与分红比例一直保持不变,对公司贡献大的人必然会表现出不满,因此必须调整股权与分红比例。

以方某与邵某的情况为例,可制定这样一条规则,如果公司业绩连续四年稳定在700万元以上,双方的股权比例可调整为邵某为60%,方某为40%,对方某而言他只追求公司的稳健发展即可,邵某则可以放手去干,努力追求收益。

总之,在公司经营中,不仅要对股东的资金定价,还要对人力资源进行定价,原则是谁为公司创造的价值大,谁就获得较多的利益。

同床异梦,利益争斗

黄某、程某、马某是同事,三人辞职后,合伙经营汽车美容精洗设备。由于三人关系不错,就没有签订书面协议,只是口头约定黄某与程某负责公司事务,第一年黄某与程某每人每个月的工资是 2000 元,从第二年起两人不再拿基本工资,只有分红。马某则负责前期款项的筹备。

公司运营了 10 个多月后,开始盈利。此时马某对程某和黄某表现出了不满,认为程某和黄某对公司的事情不上心,没有合伙人的胸怀,并以此为借口,让他的妹妹来接管公司财务,并提出要给黄某和程某规定工作任务。这让黄某和程某心里十分不痛快,因为当初口头协议中就提到了不让家属参与生意,可因为没有正式的书面协议,现在的局面就很尴尬。

后来,三人协商签订书面协议,马某提出要给黄某和程某约定工作任务,两人每个月可以领到基本工资,如果不约定工作任务,黄某与程某就必须放弃基本工资,这让黄某和程某觉得马某不讲信誉,出尔反尔,马某则认为黄某与程某每个月拿基本工资,旱涝保收,风险都是他一个人承担,很不公平。

于是,黄某和程某提出要投入资金,但马某不同意,只好分红照旧。

可经过这么一番折腾，黄某和程某的心里很不得劲，干起工作也没有之前卖力了，而且由于马某的妹妹也在公司，有些事情不好说，生怕继续恶化与马某的关系。

有人说，中国大部分合伙人之间的关系要经历四个阶段，分别是同甘共苦、同床异梦、同室操戈、同归于尽。这种说法虽然有些悲观，但合伙人之间的"悲欢离合"是非常寻常的事情。

2018年4月27日，雷军发公司内部信对小米的组织结构进行调整，周光平与黄江吉辞去公司职务，众所周知，两人都是小米创建时期的"八大金刚"成员，与小米共同奋战了七年，如今退场。其原因不得而知，但从黄江吉在微博上盛赞雷军是"最有情有义的老大雷军"来看，和平分手的可能性很大。

相比之下，柳传志与倪光南之间的纷争就颇为惨烈了。联想创办于1984年，在1994年之前，柳传志与倪光南一直是亲密的战友。1994年，两人的战友关系走到了决裂的边缘，倪光南精通技术，柳传志是销售高手，两人在研发路线上产生了严重的分歧。

每次开会，两人都吵得面红耳赤，不可开交，倪光南希望全力开展"中国芯"工程，柳传志坚决反对，他认为联想当时没有那个能力，两人的争斗持续了半年之久。

在此期间，倪光南曾向中科院控告柳传志，说柳有作风问题、经济问题等，经调查此事纯属子虚乌有，最终，倪光南被免去总工程师的职务。倪光南离开后，联想转向了个人PC制造，联想电脑成了世界品牌。

倪光南则一直坚持"中国应该坚持核心技术自主创新"的想法，致力于推广 Linux 等开源软件、国产 CPU、国产软件等开放标准。

合伙人之间同床异梦，有很多种情况，如本节开头讲到的黄某、程某、马某之间的纷争，是马某没有契约精神，争夺利益导致的，是不道德的表现，但小米黄江吉、周光平离开小米，以及倪光南与柳传志的纷争，更多的是发展方向的不同，从本质上说没有对错之分，只是不适合再合伙而已。

俞敏洪在《在对的时间做对的事》一书中曾提出过这样一个观点——在企业发展的不同阶段，用不同的人。刚开始创办新东方的时候，俞敏洪依靠家人、亲戚的帮助，越做越大。后来因为不规范的家族管理越来越阻碍公司的发展，他便引进了外部人才，有了徐小平、王强的加入，有了新的合伙人。

新东方上市后，一些人希望通过资本重组，将自己的股份套现，但这与俞敏洪的想法完全不同，他觉得大家已经合不来，思维与利益都不一致，若依然视而不见，继续合伙，对公司的发展是非常不利的，不如尽早散伙。

天下没有不散的宴席，合伙也如此吧，但大家能够做到和平"分手"，不为利益争得头破血流就是最好的结果。

见利忘义，缺乏信任

如果合伙人之间的道德修养存在明显的差异，合伙也很难长久，因为物以类聚，人以群分，与不同频的人在一起久了，产生矛盾是迟早的事情。当利益与道德发生冲突时，有的人会选择见利忘义，有的人会选择克己奉公，如果这两类人一起共事，必然会产生不可调和的矛盾，反目成仇就成了必然。

除了见利忘义之外，缺乏信任也是导致合伙失败的一个不可忽视的原因，合伙应建立在信任的基础之上，没有信任，合伙人之间互相猜忌，劲用不到一处，会造成公司的内耗，公司还没有面临激烈的外部竞争，内耗就已经让公司元气大伤了，这样的公司怎么会有出路呢？

案例一：

罗某、蒋某、邹某三人合伙创办了一家公司，经营电缆业务，在签订合伙协议时，明确规定在合伙经营期间，合伙人不得做出有损公司利益的事情，否则公司有权追责，并要求赔偿。

公司经营半年，就盈利了，且利润可观，大家都觉得公司照现在的情况发展下去，第二年的利润将是第一年的两倍。可到了第二年，公司的业绩基本上处于原地踏步的状态，这让罗某和蒋某都感到很意外，当初公司因发展需要，专门成立了销售部门，增加了人手。在此之前，公司只有邹某一个人做销售，问题到底出在哪里呢？邹某解释说今年市场不如去年。

一次偶然的机会，罗某发现邹某在外面偷偷成立了一个公司，经营的也是电缆业务，经过调查发现，邹某偷偷地将公司的老客户拉到了自己的公司，为自己的公司创收。罗某和蒋某找到邹某，与其理论，邹某却大言不惭地说，"业务都是我自己拉来的，我有什么错？"

罗某与蒋某一气之下，以邹某做出了有损公司利益的事情为由，向法院起诉，要求邹某赔偿公司经济损失50万元。

法院经审理认为，合伙人在订立合伙协议时，规定了"合伙人不得做出有损公司利益的事情，否则公司有权追责，并要求赔偿"。邹某私自成立公司，将原公司的电缆业务转移到自己的公司，损害了原公司的利益是事实。最终，法院判决邹某赔偿原公司46.98万元。

这个案例提醒我们在创办公司时，一定要在合伙协议中有相关合伙人约束机制的内容，比如商业秘密协定、竞业禁止、限制条款等，防止公司里的人见利忘义，做出伤害公司利益的行为。

真格基金创始人徐小平在谈到处理合伙人之间的关系，尤其是涉及利益时，曾说过："合伙人之间的承诺，一定要用法律文件确认下来。以免时过境迁，有人会见利忘义。"

案例二：

李某、冯某是多年的同学，关系甚好，两人合伙经营车辆运输，后来又在创业网站上结识了金某，将金某拉入伙，李某和冯某两人共占有90%

的股份，金某占 10% 的股份。

李某和冯某对金某不是很信任，两人又是公司的大股东，公司的很多核心信息都没有告诉金某，金某也感觉到了李某与冯某的"敌意"，很少参与公司的决策，基本处于边缘状态。没过多久，金某就提出了退伙，李某和冯某责怪金某将创业不当回事，戏弄他们，金某则质问李某与冯某为何不信任自己，最终不欢而散。

在一些公司，创始人对公司的核心信息不对合伙人披露，让合伙人参与公司决策的机会也不多。殊不知，对于创业团队来说，合伙人之间的信息披露的程度越高，决策的参与度越高，团队才会更加团结。

有些创始人可能担心将核心信息都告诉了合伙人，特别是一些不好的信息，会让合伙人打退堂鼓，这种担忧不无道理，但是创始人必须扛得住风险，经得起失败，如果在企业困难的时候，合伙人打退堂鼓，这本身就说明他不适合做合伙人，这种不能与你风雨同舟的人，留在公司能做出多大贡献呢？

推卸责任，互相指责

倪某、韩某、詹某三人合伙成立了一家公司，因倪某出资较多，占有公司 59% 的股份，是大股东，韩某和詹某分别占公司 30% 和 11% 的股份。倪某担任公司的 CEO，全面负责公司工作，韩某负责公司运营与销售，詹某则负责技术研发。

在公司创办初期，因倪某出资较多，公司的一些决策一般都由倪某最终来拍板，三个人各司其职，在工作上都非常努力，都希望公司早点盈利，步入正轨。然而苦心经营了一年半，公司一直处于亏损状态。

一天，倪某、韩某、詹某坐在一起研究问题到底出在哪里，怎么才能让公司扭亏为盈。倪某认为问题出在詹某身上，说詹某的技术不过硬，韩某则跟着说，詹某的技术不过硬，自己销售不出产品是情理之中的事情，言外之意公司亏损与自己无关。

詹某见倪某和韩某都针对自己，勃然大怒，质问倪某："公司做什么项目，不都是你拍板决定的吗？公司亏损凭什么说是技术问题，我还说是你的决策制定错了呢！"说完，又质问韩某："有本事的销售员可能把梳子卖给和尚。你没能力，再好的产品拿给你都没有用！"

三个人在会上争得面红耳赤，谁都不认为自己有责任，造成公司一直亏损都是别人的错，互相指责推诿，搞得精疲力竭，三人都有些心灰意冷，倪某更是撂下一句话："干不下去，不如早点散伙！"

选择合伙人，责任与担当是必须考察的因素之一，没有责任与担当，遇到一点挫折，就推卸责任，互相指责，企业只能裹足不前，甚至在合伙人的争吵声中走向灭亡。因为公司在发展初期，各方面运作可能还不是很完善，肯定会遇到各种危机与挑战，每个合伙人都应该勇敢担当，大家需要保持清醒的头脑，积极地去面对风险，才能让公司闯过一道道难关。

电子商务巨头阿里巴巴集团，在创业初期也曾遭遇过很多挫折，比如

2000年，阿里巴巴就曾出现过重大的战略失误。那一年，阿里巴巴在获得外部融资之后，决定在美国设立国际总部，并将中国总部迁到上海，开启全球扩张模式，这一决策的实施使公司运营成本迅速增长，导致阿里巴巴吃不消了，2001年1月时，阿里巴巴的银行账户只有不到1000万美元了，经营陷入了困境之中。

为了摆脱困境，马云和他的团队经过商讨，决定关闭海外办事处，并进行裁员以削减开支，利用三个月的时间，将公司每个月的运营费用降到了50万美元，度过了这次危机。试想一下，如果遇到问题，马云和团队成员互相指责，推卸责任，问题会很快解决吗？问题发生后，争吵毫无意义，大家团结起来一起克服困难，帮助企业度过危机，才是最关键的，这就需要合伙人有担当的品质。

聚美"301"事件后，陈欧在接受采访时曾说过这样一段话："你做了一件很牛的事情，瞬间在全国影响力极大。你发现公司可能会真正进入百亿量级通道，你正沾沾自喜。但是突然因为你的一个同伴、最信任的同伴，因为什么原因或长期存在的风险被引爆了，导致整个舞台全塌了，而且你的公司面临严重的信任危机，品牌受到极大的伤害。从云端直接跌进谷底，这是极大的挫折。"

陈欧所说的"最信任的同伴"指的是负责聚美技术和仓储工作的刘辉，也是聚美的联合创始人。但真格基金的创始人徐小平则对陈欧说任何一家公司出现问题，内部都要找到责任人，但终极的责任人还是CEO。

陈欧听完徐小平的话，当时还有些委屈，他不理解为什么别人犯的错要算在自己头上，但后来他还是想通了，他谈到聚美"301"事件的根源时说道:"最根本的问题还是创始团队的发展跟不上公司的发展速度。"

公司出现问题,会有直接责任人,但作为团队中的一员,谁又能独善其身呢?所谓的"担当"应该包含两层含义:一是各司其职,做好本职工作,能够独当一面,带领好团队;二是在公司遇到危难的时候,不要去指责别人,推卸责任,而是与团队共同努力,积极地想办法去面对,这才是真正的担当。

第九章
合伙人制度经典案例

永辉超市：全员合伙制，人人都是老板

超市行业普遍存在两个问题：一是一线员工干着最脏最累的活，却拿着最微薄的工资；二是超市行业员工流动性非常高。这两者互为因果关系，因为收入不高，导致超市行业员工流动性高。

员工的表现直接影响超市的收益，员工收入与付出不相符，就很难有一个好的心态对待自己的工作，工作中稍有懈怠，就可能给商品造成损失，特别生鲜商品。另外，员工也不会有好心情对待顾客，顾客没有一个好的购物体验，下次就不会再登门，而且还会影响超市的口碑。

由此可见，超市一线员工的重要性，永辉超市董事长张轩松在调研中也充分认识到了这个问题，如何让员工有干劲，认真对待工作，与超市一条心呢？给一线员工加工资，会大大增加超市的运营成本，而且从长远角度来说，这也不是激励员工的长久之计。

最终永辉超市采用了OP合伙人模式。OP合伙人不需要承担企业风险，但需要担当经营责任，做增量价值，分享增值收益。

（一）增量利润的再分配

永辉超市总部会与合伙人代表（进行利益分配的一方）根据历史数据

和销售预测,制定出一个业绩标准,如果合伙人的经营业绩超过制定的标准,增量部分的利润就由总部和合伙人按照一定的比例进行分成。

据永辉超市执行副总裁柴敏刚介绍,"一般情况下,合伙人是以门店为单位与总部来商谈。永辉总部代表、门店店长、经理以及课长,我们一起开会探讨一个预期的毛利额作为业绩标准。将来门店经营过程中,超过这一业绩标准的增量部分利润就会拿出来按照合伙人的相关制度进行分红:或者三七,或四六,或二八。店长拿到这笔分红之后就会根据其门店岗位的贡献度进行二次分配,最终使得分红机制照顾到每一位基层员工"。

由此一来,员工的收入就与品类、部门、科目、柜台等的收入紧密联系在了一起,只有员工把工作做得更加出色,他才能获得更大的回报,极大地激发了员工的工作积极性,再也不是之前"当一天和尚撞一天钟"的状态了。如图9-1所示。

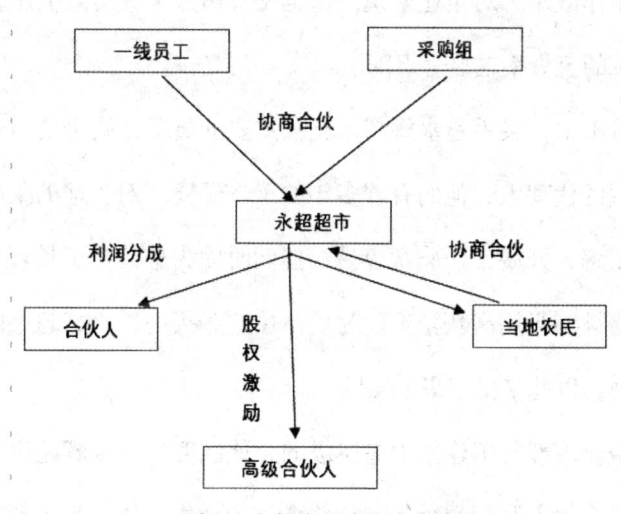

图9-1 永辉合伙人制度示意图

另外,由于不少员工组和企业协定的是毛利或者利润分成,只有企业获得更多的利润，员工的收入才会更高，因此员工会想尽办法节省成本，避免不必要的成本浪费。比如，负责果蔬的员工，会对蔬果"温柔"许多，轻拿轻放，减少损坏。一般果蔬部门的损耗率超过30%，但永辉超市采用了合伙人制度之后，损耗率降到了4%~5%。

为了避免人浮于事，在合伙制度下，永辉超市将部门、柜台、品类等的招聘工作交由员工自己来出力。假定某柜台在未实施合伙人制度之前，招聘5名员工，但有些人根本不干事，或者说大家有很大一部分时间是比较清闲的，人浮于事的情况比较严重，反正工资是企业出的，与个人无关。

但现在不同了，柜台自己可以决定聘用多少人，现在也只需要3个人就可以把工作做好了，那么，多出来的利润就由大家共同分享。如果团队中有人偷懒，柜台也有权决定辞退他，这样一来，每个员工都会积极起来，提高了工作效率。对企业来说，这也是好事，大大地降低了企业的管理成本，员工的流失率也显著下降了。

在一线员工中，买手是永辉超市比较重要的员工，买手是指永辉超市在供应链底端的代理人，他们有着多年的工作经验，对当地的菜品和村镇情况都十分了解，开展工作非常容易，但同时因为这些员工具备了一定的本领，很容易被同行用高薪挖走。为了留住这些买手，永辉超市向买手们发放股权激励，以此来稳定买手团队。

除了与企业内部员工建立中高层级的合伙制度外，永辉超市还与当地的农户建立起合伙人制度的合作，培养忠实的合作伙伴，为永辉超市在果蔬方面提高竞争力。

（二）永辉超市合伙人制度收益计算

在永辉超市，要享受分红，是有前提条件的，即门店销售达成率≥100%，利润总额达成率≥100%。

1. 合伙人奖金包计算

合伙人的奖金包的计算方法如下：

门店奖金包=门店利润总额超额/减亏部分×30%

门店利润总额超额/减亏部分=实际值－目标值

门店奖金包上限：门店奖金包≥30万元时，奖金包按30万元发放。

不同的级别，奖金包分配方式也是不同的，比如，店长是按照门店奖金包乘以8%来计算收益的，员工则是按照门店奖金包乘以7%来计算收益的。

2. 合伙人奖金

合伙人奖金的计算方法因员工的职级不同而有所差异，以店长和员工为例。

店长的个人奖金计算方法是：店长级奖金包×出勤系数；

员工的个人奖金计算方式是：员工级奖金包÷员工级总份数×对应分配系数×出勤系数。

分配系数是按照部门毛利达成率的排名情况来确定的；总份数=各部门同职级人员人数×部门毛利额达成率排名对应分配系数；出勤系数=（当季应出勤天数－事假/病假/产假/工伤假天数）÷当季应出勤天数。

奖金按季度结算，奖金与次月工资一同发放。

华为：解放老板，激活团队

华为能够从一个 2 万元起步，没有任何创新能力的小企业成长为一个在全球拥有 150 多个办事处、超过 15 万名员工的国际巨头企业，最令人称奇的是华为不是上市企业，无法通过发行股票来获得企业持续发展的资本，那它成功的秘诀是什么呢？

它的秘诀就是事业合伙人制度。华为曾经经历过四次"寒冬"，分别是创业期、网络经济泡沫时期、"非典"时期，以及全球性金融危机时期。而让华为挺过困难的就是事业合伙人制度，该制度不仅解决了华为的融资问题，还让团队管理变得容易，解放了老板，激活了团队。试想一下，全球有超过 15 万的员工，管理成本会有多大？

华为的合伙人制度又称员工持股制度，该制度始于 1990 年，至今已经 30 多年了，其间经历了四次调整。

第一次调整：1990 年。

1990 年，华为还处于创业初期，第一次提出内部融资、员工持股的概念，员工按照工作级别、绩效、可持续贡献等考察因素，给予内部员工股票。

员工必须自己掏钱购买，一元一股，如果员工没有钱购买，公司会协助员工进行贷款。员工购买股票后，只能享受分红权，不享有对公司的经营权、决策权等。

如果员工从华为辞职离开，公司会按照购股之初的原始价格回购离职员工的股票，员工不能享有股东对股票的溢价权。

第二次调整：2001 年。

这次调整，公司不再向新员工派发一元一股的股票，之前发放的股票也将转变为期股，又称为虚拟股。华为工会负责发放虚拟股，每年公司会根据员工的工作情况决定其获得多少股份数，员工按照公司当年净资产价格购买虚拟股。

虚拟股与之前一元一股的老股票相比，除了可以获得一定比例的分红外，还能获得虚拟股对应的公司净资产增值部分。

第三次调整：2008 年。

华为从 2008 年开始，实行饱和配股制，什么是饱和配股制呢？就是规定员工的配股上限，每个级别达到上限后，就不能再参与新的配股。该制度的好处在于避免了让老员工持有大量的股票，为新员工持股保留了较大空间，激发了新员工的工作积极性。

第四次调整：2013 年。

"坚持利益共享"一直是华为的理念，于是，2013 年，华为推出了名为"时间单位计划"（Time Unit Plan）的外籍员工持股计划，并在 2014 年在国内全面推广实施。时间单位计划简称 TUP 计划，该计划会根据每年员工的岗位及级别、绩效，给员工配置一定数量的期权，员工不需要花钱购买，5年为一个计算周期。

华为推出TUP计划，是为了解决虚拟股设计的弊端，在虚拟股制度中，员工随着工作时间的增长、职位的晋升，手中积累的财富就会越来越多，这样一来，财富就集中在华为的中层手中，而基层员工就无法公平分享利益，会引发基层员工的不满，遂推出了TUP计划，该计划体现了"共享"的主旨，与华为一直倡导的理念也是一致的。

总之，华为合伙人制度的设计依据的是华为的企业文化（利益分享，以奋斗者为中心），1998年，华为出台了"华为基本法"，这是一份纲领性与制度的文件，"华为基本法"第一章第四部分第十七条中明确规定：我们实行员工持股制度。以"法律"的形式确立了员工持股制度，使得员工持股制度历经了30多年，始终如一。该制度一方面将员工与公司的命运紧密相连，结成命运共同体，另一方面可使更多有才能和责任心的人进入华为，成为华为的中坚力量。

阿里巴巴：管理与文化的传承

1999年，从马云创立阿里巴巴开始，就以合伙人的精神运营和管理公司，2010年，为保持公司合伙人精神、确保公司愿景、价值观、使命持续发展，阿里巴巴将合伙人制度正式确立下来，取名"湖畔合伙人"。阿里巴巴的合伙人制度主要包括以下内容。

（一）合伙人资格要求

要成为阿里巴巴合伙人必须具备以下几个条件。

1. 合伙人必须在阿里巴巴工作满5年。

2. 合伙人必须持有公司股份，且有限售要求。

3. 由在任合伙人向合伙人委员会提名推荐，并经合伙人委员会审核通过，方能参加选举。

4. 在一人一票的基础上，超过75%的合伙人投票同意其加入，合伙人的选举和罢免不需要经过股东大会审议或者通过。

除此之外，成为阿里巴巴的合伙人还有两个弹性标准：一是高度认同公司文化，愿意为公司愿景、价值观、使命竭尽全力；二是对公司发展作出积极的贡献。

（二）合伙人的提名权与任命权

合伙人的提名权与任命权主要体现在以下几个方面。

1. 合伙人拥有提名董事的权利。

2. 合伙人提名的董事占董事会人数一半以上，因任何原因董事会成员中由合伙人提名或任命的董事不足半数时，合伙人有权任命额外的董事以确保其半数以上董事控制权。

3. 如股东不同意选举合伙人提名的董事，合伙人可以任命新的临时董事，直至下一年度股东大会。

4. 如果董事因任何原因离职，合伙人有权任命临时董事以填补空缺，直至下一年度股东大会。

很显然，阿里巴巴合伙人拥有超越其他股东的董事提名权与任免权，阿里巴巴通过控制董事人选来达到控制公司的目的，将公司的主动权牢牢地把握在手中。也就是说，即使马云及其团队不是阿里巴巴最大的股东，他们也能掌控公司，决定公司的运营运作。

（三）合伙人退出制度

在阿里巴巴公司，马云与蔡崇信是永久合伙人，其他合伙人有明确的退出机制。

1. 60岁时自动退休。

2. 自己随时选择退休。

3. 离开阿里巴巴工作。

4. 死亡或者丧失行为能力。

5. 被合伙人会议50%以上投票除名。

（四）合伙人的奖金分配权

每年阿里巴巴公司会向包括合伙人在内的管理层发放奖金，该奖金为税前列支事项，与股东分红权不同，股东分红是从税后利润中予以分配的，但合伙人奖金分配是作为管理费用进行处理的。

（五）合伙人委员会的构成与职权

合伙人委员会是阿里巴巴合伙人结构中最核心的一环，掌控合伙人的审核和选举事宜，合伙人委员会共5名委员。其职责主要有两大方面：一是推荐并提名董事人选；二是提议和执行高管年度奖金池分配。

合伙人委员实施差额选举，任期为3年，可连选连任。合伙人委员会成员的产生步骤是这样的：先由合伙人委员会提名8名合伙人，然后由全体合伙人对这 8 名被提名的合伙人进行投票，得票最高的五人组成新的合伙人委员会。

众所周知，软银和雅虎的股份都远比马云及其团队多，那么，阿里巴巴如何确保合伙人制度的稳定，不被动摇呢？

要想变更合伙人制度，必须经过董事批准和股东表决两重批准。就董事层面而言，任何有关合伙人关系的宗旨及董事提名权的修订，都必须经过多数董事的批准；就股东层面而言，根据公司章程，修改合伙人的提名权和公司章程中的相关条款，必须获得出席股东大会的股东所持表决票数 95% 以上同意，才可以通过。

此外，阿里巴巴合伙人与软银、雅虎还签订了表决权拘束协议，以巩固合伙人对公司的控制权，核心内容如下。

1. 软银承诺在股东大会上投票支持阿里巴巴合伙人提名的董事当选，没有经过马云及蔡崇信同意，软银不会投票反对阿里合伙人的董事提名。

2. 软银将其持有的不低于阿里 30% 的普通股投票权置于投票信托管理之下，并受马云和蔡崇信支配。鉴于软银有一名董事的提名权，因此马云和蔡崇信将在股东大会上用其所拥有和支配的投票权支持软银提名的董事当选。

3. 雅虎将动用其投票权支持阿里合伙人和软银提名的董事当选。

小米：用合伙人制度激励员工

2020年8月16日，小米集团创始人雷军发出全员信，宣布小米将实行合伙人计划和新十年创业者计划。其实小米早在创业之初，采取的就是合伙人制度，这些合伙人都是创始人自己找来的，比如林斌、黎万强，就是雷军自己找来的；或者经过磨合的合伙人推荐过来的合伙人，比如，黄江吉和洪峰就是林斌推荐的，洪峰加入之后，又推荐了刘德，从而组建了"八大金刚"。

如今，距离小米公司成立已经11年过去了，当初的"八大金刚"已经有三人离开，分别是黄江吉、周光平、黎万强。现在创始合伙人还有五个，分别是小米集团董事长兼CEO雷军，集团副董事长、集团战略委员会副主席林斌，高级副总裁、小米金融董事长兼CEO洪锋，高级副总裁、首席战略官、集团战略委员会副主席王川，以及高级副总裁、集团组织部部长刘德。

2020年8月16日，小米手机九周年和MIUI十周年的生日当天，小米对外宣布新增四名合伙人，加上5名原始合伙人，合伙人共为9人，新增的四名合伙人分别为周受资（小米集团高级副总裁兼国际部总裁）、卢伟冰（小米集团副总裁、中国区总裁、Redmi品牌总经理）、张峰（小米集团副总裁、集团采购委员会主席）、王翔（小米集团总裁）。

雷军曾说过，"小米的合伙人制度是集团核心事项的集体决策机制，更是小米文化价值观和互联网方法论的传承机制"。小米合伙人制度不仅是小米集团激励员工的一种有效方法，更是对企业文化的一种传承。

（一）"现金＋股权"的薪酬模式

在创业初期，雷军定制了一套"薪金＋股权"的薪酬模式，核心员工加入小米后，有三种薪资结构可以选择：一是正常市场行情的现金工资；二是三分之二的工资，拿一部分股票；三是三分之一的工资，拿更多的股票，员工任选一种即可。

结果显示有80%的员工选择了第二种模式，20%的员工选择了第一和第三种模式，以这种方式小米找到了第一批愿意为小米事业奋斗的优秀员工，这些员工以较低的价格持有公司股票，在工作中会更加关注公司的整体利益，因为他们与公司的利益是捆绑在一起的。

除此之外，小米还设立了跟投机制，这些跟投的员工有权利直接向雷军了解公司经营状况和发展战略，不仅激发了员工们的创业热情，还有利于保持团队的稳定性，并规避了因核心员工离职导致公司机密和核心技术的外泄。

雷军曾经说过，他敢创建小米，是因为他自己就可以拿出1亿美元，但是他为了让大家齐心协力，所以采取了入股的方式，大家都投了钱，利益和命运就紧紧地拴在一起了，只有大家都努力，小米公司才能发展起来，对于入股的人来说，谁都不愿意把真金白银赔光，所以大家都把劲用在一处，一起奋斗，才有了今天的小米。

小米创业早期有 56 名员工，他们共投资了 1100 多万美元，平均每人投入近 20 万美元，因此小米的团队被称为"豪华天团"。

（二）"普惠式"股权激励

据小米招股书披露，小米于 2011 年公布了"普惠式"股权激励方案，激励对象包括董事会全体成员，以及由董事会或董事会授权的委员会批准的员工、顾问等人员，委员会可不定时授予激励对象，确定授予的种类、数量，不需要经股东大会审批。该激励方案的模式主要有购股权、受限制股份和受限制股份单位。

1. 购股权

购股权不需要考核业绩，只要在小米公司工作一年就拥有购股权，行权期一般分为 1 年、2 年、3 年、4 年、5 年及 10 年，行权价格由委员会确定、修改或调整，无须公司股东批准。

2. 受限制股份

授予时无偿或按约定的价格出售给激励对象，但有一定的限制条件，未满足条件时，由公司以托管代理身份持有。

3. 受限制股份单位

委员会根据绩效指标及其他条件来确定授予数量和价格，待实际归属后，委员会将以现金或股份或同时以两种方式支付。

该方案激励范围广，实施起来机制灵活，行权条件也比较宽松，时间周期长，有利于稳定团队，激励员工。

万科：合伙人制度有效解决企业部门分歧

万科的事业合伙人持股计划始于 2014 年，该计划的实施主要是为了解决股权高度分散，经营层持股低的突出问题，通过合伙人制度来巩固经营层的控制权，强化经营管理团队与股东之间的荣辱与共的关系，为股东创造出更大的价值。

（一）搭建三级合伙人体系

万科撤销总部的全部部门设置，成立三大中心，即事业发展中心、支持中心、管理中心，这三大中心皆采用合伙人机制，搭建三级合伙人体系。

1. 第一层级合伙人：利益共同体

万科将关键骨干发展成为小老板，各部门，各业务模块，匹配利益分配，独立核算，让员工由被雇用者变成自主经营的小老板，与公司形成利益共同体，共创共享，该层级主要考核的是部门和个人等。

2. 第二层级合伙人：事业共同体

万科将关键高层发展成持股平台股东，这些股东通过持有主体公司的股份与主体公司的未来捆绑在一起，特点是共创共享共担，考核的主要是公司及个人。

3. 第三层级合伙人：命运共同体

万科将股东发展成核心合伙人，是公司最核心的团队，推动、传承万科的愿景和价值观，打造命运合伙人体系，以共识共创共享共担共商为主要特点，考核的主要是价值观层面。

万科组织构架调整完成后，首先实现了架构的扁平化，管理层可以直接对接三大中心，打破了原有部门之间的壁垒，有助于减少隔阂，让信息共享更高效，重新界定了合伙人的权责，构架调整后，团队了没有"领导"，只有"合伙人"。

（二）万科合伙人制度的具体措施

万科合伙人制度是通过增持公司股份，来加强经营层控制力，具体表现在三个方面。

1. 跟投制度

除了"旧城改造"一部分特殊项目外，万科对所有新项目都采取跟投制度，要求项目所在一线公司管理层以及该项目管理人员，必须和公司一起进行投资。

该制度既解决了投资问题，同时也可以使项目操作者提高产品与服务的质量，将他们与股东的而利益捆绑在一起，共同努力，共同奋斗。

2. 事件合伙

部门之间权责利划分不清是很多大公司的问题，为了解决这一问题，万科采用了事件合伙人管理的措施。比如，现在公司有一项任务要完成，那么，公司就会临时组织事件合伙人参与这项任务，任务完成后，参与任务的人员就解散了，回到原来的部门，未改革之前，一般都是职位高的人来担任组长，现在员工可以推选最有发言权的人来担任组长。

3.合伙人持股

万科建立了一个合伙人持股计划，即 200 余人的 EP（经济利润）奖金获得者将成为万科集团的合伙人，他们共同持有万科的股票，未来的 EP 奖金将转化为股票。

（三）万科合伙人制度的特点与优势

早在 2013 年，万科就按"不同级别、不同比例"的原则，对各级员工的年终奖金进行了留存，这些钱被用于盈安合伙对万科 A 股股权的收购。首批一千三百余名事业合伙人主要来自经济利润奖金计划的激励对象，将来公司会让更多的员工加入合伙人持股计划中来，设计不同层级的合伙人制度，是万科合伙人制度特点之一。

万科的组织架构改革后，架构更加扁平，管理层能够在第一时间听到底层的声音，形成了背靠背的信任关系，同时也避免了部门之间互相竞争、扯皮的情况。另外，通过事业合伙人制度做平台式架构，让员工的角色由被雇用者变成小老板，能够吸引更多优秀的人才加入，将事业做大。

当然，最重要的是，该制度让员工与企业之间形成了利益共享、风险共担的新型合作关系，将两者的利益捆绑在一起，共同为企业的发展群策群力，同舟共济。